ANTON
ANDREAS GUHA

ENDE

TAGEBUCH AUS DEM 3. WELTKRIEG

Athenäum

CIP-Kurztitelaufnahme der Deutschen Bibliothek

Guha, Anton Andreas:
Ende: Tagebuch aus d. 3. Weltkrieg / Anton Andreas Guha. –
Königstein/Ts.: Athenäum 1983.
ISBN 3-7610-8279-7

Umschlaggestaltung: Jutta Schneider, Frankfurt/Main
Satz: Jonas Verlag, Marburg
Druck und Bindung: Buchdruckerei Georg Wagner, Nördlingen
Printed in Germany
ISBN 3-7610-8279-7

26. Juli

Es ist Krieg.

Der Countdown läuft. Präzise, unerbittlich und unaufhaltsam.

Einige Politiker und Militärs in Washington und Moskau, Funktionäre eines nicht mehr beherrschbar gewordenen Apparats, schreiben das letzte Kapitel der Menschheitsgeschichte, eine Kurzgeschichte, eine Groteske ... und ihr könnt sagen, ihr seid dabei gewesen.

Der Redaktionsbote schrie es bereits auf dem Gang: „USA greifen kubanische und sowjetische Stellungen auf Kuba an. Luftwaffe pausenlos im Einsatz. Washington droht mit Einsatz taktischer Atomwaffen."

Gleichzeitig flackernde „Blitz"- Zeichen auf unseren Redaktionsbildschirmen: „Sowjetische strategische Atom-U-Boote in Stellung gegangen."

Obwohl seit Tagen, ja stündlich mit dieser Entwicklung zu rechnen war, überwältigt mich die Nachricht. So muß ein Gefangener bei der Verkündung seines Todesurteils empfinden: Das Blut weicht aus dem Kopf, er kämpft mit einem Ohnmachtsanfall, die Zunge liegt wie ein Stück Holz im Mund. Der Puls hämmert im Hals und jeder Schlag signalisiert AUS-AUS-AUS.

Fassungslos starren wir auf die blinkenden Zeichen, unfähig, die Katastrophe zu ermessen, die sie ankündigen.

Kreidebleich und stumm kommen die Kollegen in die Nachrichtenredaktion. Einige zittern am ganzen Körper. Der Bote verliest die Meldung noch einmal.

Dann sagt Charly Lang in die ratlose Stille: „Das wär's Freunde." So pflegt er sonst unsere Skatrunde zu beenden, wenn er gewonnen hat. Jetzt sagt einer am drohenden Ende von drei Millionen Jahren versuchter Menschwerdung „das wär's"; und es wirkt nicht einmal absurd.

Nietzsches „belangloses Ende der kleinen, überspannten Tierart Mensch".

Nach journalistischer Routine wäre jetzt ein Extrablatt fällig. Bei Katastrophen und anderen dramatischen Ereignissen in der Welt gab es immer Extrablätter. Die Sensationslust des Publikums gibt der Presse das Gefühl, die Hand am Puls der Ereignisse zu haben, mitbeteiligt, bedeutend zu sein.

Noch hat der Schock alle journalistischen Instinktmechanismen lahmgelegt. Was sollen wir den Lesern auch sagen? Das Ausmaß der Nachricht begreifen wir ja selbst noch nicht.

Krieg. Wir hatten uns jahrelang an das Synonym „das Unvorstellbare" gewöhnt. Wie vermittelt man seinen Lesern das Unvorstellbare?

Nach etwa einer Stunde beginnt der Schock zu weichen. In der Redaktion fast gewohnte Hektik. Der offensichtlich determinierte Ablauf des weltpolitischen Geschehens entbehrt nicht — so unglaublich es auch ist — einer gewissen Faszination. Eine an Sensationen übersättigte Menschheit, die sich zu langweilen begonnen hat, wird von einer Sensation aus ihrer Lethargie gerissen, einer Sensation, für deren Perspektiven kein Superlativ mehr taugt, die man nur noch im Hyperlativ erfassen könnte, die aber doch schon einmal beschrieben wurde: Seit fast zweitausend Jahren ist nachzulesen, was sich möglicherweise in den nächsten Tagen ereignen wird: Die Apokalypse, die Endzeitvisionen in den Mythen der Völker.

Die völlige Ohnmacht schmerzt nicht nur, sie legt auch die von unserem Berufsstand gepflegte Selbsttäuschung bloß. Die Presse steht dem sich abzeichnenden Ablauf des weltpolitischen Geschehens, wegen seiner Determiniertheit hilflos gegenüber. Wenn ein Staudamm gebrochen ist, nützen Sandsäcke nichts mehr.

Stellt sich jetzt heraus, daß die Presse eine ihr zukommende Rolle, nämlich Strukturen und Systemzwänge aufzuzeigen, die Macht von Interessen anzuprangern, nicht wahrgenommen hat? Hat die Presse versagt?

Während in den Labors, in den Konstruktionsbüros und Fabriken Waffen von höchster technischer Intelligenz produziert wurden, die sich ihre eigene Strategie erzwangen und ein ständig fortwirkendes Feindbild sowie eine permanente Konfliktsituation zu ihrer Rechtfertigung verlangten, sah sie in dieser Entwicklung lediglich Politik, eine von Menschen gestaltete Politik in der ritualisierten Abfolge von Gipfeltreffen, Ministerkonferenzen und Interviews. Als ob Präsidenten und Kanzler, Minister oder selbst Generäle die Sicherheitspolitik gemacht hätten.

Hat die Presse versagt, weil sie die simpelsten journalistischen Fragen vermied, die an die Sicherheitspolitik wie an jede andere Politik auch zu stellen gewesen wären? Statt dessen gefielen sich Verleger, Intendanten, Chefredakteure, Ressort- und Abteilungsleiter in der Rolle staatstragender Hilfspolitiker, die nur rechtfertigten und guthießen, allenfalls hin und wieder zu erkennen gaben, daß dieser „Rüstungswahnsinn" schon dazu angetan sein könnte, „Bauchschmerzen" zu verursachen.

Kritisches Bewußtsein in Form von Bauchschmerzen.

Die stupidesten und gefährlichsten Rechtfertigungsversuche dieser Abschreckungspolitik gipfelten in der Beschwörung, daß es nun doch schon einige Jahrzehnte gutgegangen sei und daraus die Gewißheit abzuleiten sei, daß es auch in den kommenden Jahrzehnten gutgehen werde.

Ich fahre seit 25 Jahren unfallfrei Auto. Ist das ein Beweis dafür, daß ich auch in den nächsten 25 Jahren keinen Unfall erleiden werde?

Der Abschreckungsmechanismus funktioniert nicht mehr: Amerikaner und Sowjets schießen aufeinander. Der Party-Spruch, daß der nächste Weltkrieg der letzte sein würde, dröhnt nun wie die Trompeten von Jericho.

Nach dem ersten Schreck beginnt auch das große Hoffen. Einer bestätigt dem anderen, daß die nukleare Abschreckung die beiden Supermächte schon zur Vernunft bringen werde, es bliebe ihnen ja nichts anderes übrig. Der amerikanische Präsident wisse ebensogut wie der Generalsekretär im Kreml, daß es keinen Sieger geben könne. Das Spiel mit dem Feuer sei zwar verantwortungslos, und könne leicht die ganze Welt entzünden, aber letztlich werde die Venunft schon siegen. Es gebe keine Alternative zur Vernunft.

Keine Panik. Nur nicht die Nerven verlieren. Ein kühler Kopf, so der Leitartikel der morgigen Ausgabe, sei in so einer schweren Krise besonders wichtig. Jeder einzelne von uns sei jetzt aufgerufen, zur Lösung beizutragen. Im übrigen gelte es, darauf zu vertrauen, daß sich die dunklen Wolken am Horizont verzögen; denn Russen und Amerikaner seien schließlich keine Selbstmörder. Starke Indizien dafür seien erkennbar, daß die Vernunft im Kreml nicht weniger zuhause sei als im Weißen Haus.

Sprachlosigkeit. Gesundbeterei. Uneingestandene Ohnmacht.

Weitere Blitzmeldungen stoppen den Umbruch der überregionalen Ausgabe: Seeschlacht im Indischen Ozean, wo seit 1978 starke Flottenverbände beider Seiten kreuzen und sich gegenseitig in Schach halten. Sowjetische Jagdbomber sollen von Afghanistan aus eingegriffen haben. Die Verluste auf beiden Seiten seien verheerend. Innerhalb von zwei Stunden sei das Gros der beiden Flotten versenkt worden.

Die Agenturmeldungen sind reichlich unklar. Einzelheiten fehlen. Der Verlauf dieser Seeschlacht bestätigt aber die Befürchtung, daß der Einsatz von Atomwaffen beim nächsten Zusammenstoß der beiden Weltmächte vorprogrammiert ist. Keine der beiden Seiten wird sich auf verlustreiche konventionelle Kämpfe einlassen, die angesichts der automatisch funktionierenden „intelligenten" Waffen nicht zu gewinnen sind. Sowohl Russen als auch Amerikaner werden versuchen, beim nächsten Mal taktische Atomwaffen einzusetzen, und zwar als erste. Diese Strategie ist noch zu erproben, niemand hat schließlich einen Atomkrieg geführt. Der Test steht noch aus.

Gott weiß, ob die Welt noch steht, wenn wir mit unserer Zeitung morgen herauskommen. Die Bevölkerung erfährt von den Kampfhandlungen aus den Rundfunk- und Fernsehnachrichten. Die Intendanten kommentieren selbst, mit bedeutungsschwerer Stimme und feierlicher Miene, als kämen sie von einem Staatsakt.

Der unentschiedene Ausgang der Seeschlacht wird abermals in Hoffnung umgemünzt: Beide Seiten müßten die Sinnlosigkeit einer militärischen Konfliktlösung nunmehr einsehen. Insofern habe der militärische Zusammenstoß sein Gutes gehabt. Wenn niemand mit Waffengewalt gewinnen könne, müßten politische Konflikte am Verhandlungstisch ausgetragen werden: Gespräche seien jetzt das Gebot der Stunde.

In der Tat bleibt jetzt nichts anderes übrig, als nach Strohhalmen zu greifen. Wir müssen einfach hoffen, daß die Verantwortlichen in Moskau und Washington von rationalen Überlegungen geleitet werden und die angelaufene Kriegsmaschine noch stoppen können.

Eine simple Frage, bestehend aus drei Wörtern, würde in dieser Situation vermutlich zu Nervenzusammenbrüchen führen. Niemand stellt die Frage: „Was, wenn nicht?" Was, wenn in Moskau und Washington jetzt ebenfalls Überlebensangst herrscht? Wenn eine Seite die Maßnahmen der anderen falsch einschätzt und die falschen Schlüsse zieht? Wenn beide Seiten einander entschlossene Aggressionsbereitschaft unterstellen – aufgrund von Fehlannahmen und Irrtümern?

Für uns Journalisten kommt diese Frage möglicherweise zu spät. Wir hätten sie stellen sollen, als es noch Zeit war. Abschreckung steht und fällt damit, daß auf beiden Seiten kühle Rationalität herrscht, daß keine Fehlannahmen und Irrtümer unterlaufen, daß die Einschätzung des Gegners und seines Verhaltens nicht von Angst diktiert wird. Das haben wir wiederum in völligem Einklang mit der Politik nicht zur Kenntnis nehmen wollen.

Ich sehe den Kollegen an, daß Zweifel aufkommen, eine Ahnung, daß es zu spät sein könnte. Zu spät. Und auch wir hätten dann versagt. Es wäre Schuld, nicht wiedergutzumachende Schuld.

Um 19 Uhr der Kanzler. Wir drängen uns vor dem Fernsehgerät, vielleicht weil wir das erlösende Wort erwarten: Entwarnung, Gefahr vorbei.

Der Kanzler teilt der Nation statt dessen mit, daß er in ständigem Kontakt mit den befreundeten Regierungen im Bündnis und vor allem mit dem Präsidenten der Vereinigten Staaten stehe. Alle Schritte, soweit sie Europa beträfen, würden sorgfältig und freundschaftlich abgestimmt. Er sei zutiefst überzeugt, daß die Gefahr abgewendet werden könne. Dies sei die Stunde der Bewährung für das westliche Bündnis: Schutz der bedrohten Freiheit habe absolute Priorität. Jetzt zeige sich, wie richtig die Politik der Bundesregierung gewesen sei, keine Zweifel an der festen Verankerung im westlichen Bündnis aufkommen zu lassen. Jetzt, da die Not groß sei, hätten wir Freunde, auf die wir zählen könnten.

Die Gefahr, die er nicht unterschätzen wolle, die aber gemeistert werde, dürfe jedoch nicht zu einer geistig-moralischen Krise in diesem unserem Lande führen. Daher müßten alle zusammenstehen. Ruhe sei in der Tat die erste Bürgerpflicht. Jeder solle an seinem Platz ausharren und seine Pflicht tun. Wir Deutschen hätten gerade in der Stunde der Not und der Anfechtung stets unsere Pflicht getan.

Im übrigen, so der Kanzler, hätten wir starke Streitkräfte, die ebenfalls, zusammen mit den Verbündeten, ihre Pflicht täten. Die sowjetische Führung müsse ihr Risiko kennen. Er sei sicher, daß der Kreml in der Lage sei, seine Grenzen zu erkennen...

Der Kanzler sprach nicht von unserem Risiko, das unvergleichbar lebensgefährlicher ist als das der Sowjets, und auch nicht von unseren begrenzten Möglichkeiten, die so gering sind wie die einer Fliege im Honigtopf.

Zum Schluß ein Appell des Kanzlers im Namen des ganzen deutschen Volkes und mit größtem Nachdruck an die beiden Supermächte, sich an den Verhandlungstisch zu setzen. Dies sei jetzt die Stunde des Gesprächs.

Deprimierend. Diese intellektuelle und moralische Unzulänglichkeit. Fluchtartig verließ ich die Redaktion und ging zu Fuß zum Hauptbahnhof. Frankfurt erschien mir auf einmal fast schön, eine Stadt voll pulsierenden Lebens. Die Abendsonne milderte die Konturen der Banktürme, diesen Gotteshäusern des 20. Jahrhunderts. Kaiserstraße, die Bahnhofsgegend mit Prostituierten und Kriminalität, ein Platz auf einmal unbeschwerter sündhafter Unschuld. Die Gefahr, die ihren Schatten über den ganzen Planeten geworfen hat, macht alle Niedertracht und menschliche Unzulänglichkeiten unbedeutend. Das Verbrechen hat seinen Platz in den Regierungssitzen und militärischen Operationszentralen eingenommen.

27. Juli, mittags

In der Redaktion ist es ruhig geworden, die gewohnte Hektik verschwunden. Wir bewegen uns wie in Zeitlupe, bleiben vor unseren Bildschirmen hocken und setzen uns den pausenlos einlaufenden Blitz-Meldungen wie Keulenschlägen aus.

Die Amerikaner wollen es auf Kuba wissen. Nachdem ihr Vormarsch von ihrem Stützpunkt Guantanamo aus gestoppt wurde, legten sie heute morgen Havanna in Schutt und Asche. Die herrliche Altstadt. Die lustigen, frechen Kinder, die nicht um Geld, sondern um Kugelschreiber und farbige Stifte bettelten.

Gleichzeitig drohen die Vereinigten Staaten, die schnelle Eingreiftruppe in Saudi-Arabien landen zu lassen, um den panislamischen Putschisten, die das Königshaus stürzten und ein Massaker anrichteten, den Garaus zu machen. Die Sowjetunion soll sich nicht einbilden, ihre Drahtzieherschaft und Verantwortung für diese dreiste Gefährdung der Existenzinteressen des Westens kaschieren zu können. Auch der Bundesaußenminister ist überzeugt, der Kreml ziele direkt in das Herz des freien Westens, und versuche, unsere Lebensader, die westliche Ölversorgung, durchzuschneiden.

Als Antwort fliegen die Sowjets pausenlos Elitetruppen und schweres Gerät nach Äthiopien und in den Nordjemen. Moskau bestreitet, auch nur das Geringste mit dem Putsch in Saudi-Arabien zu tun zu haben, und beschuldigt den Westen, ihn zum Vorwand zu nehmen, um endlich gegen die friedliebenden Kräfte loszuschlagen. „Letzte Warnung“ von TASS an die „Kriegstreiber“ im Weißen Haus: Sollten die Bombenangriffe gegen Kuba nicht aufhören, werde die Sowjetunion sich gezwungen sehen, einen engen Verbündeten der USA anzugreifen.

In der Mittagszeit erste Demonstrationen in den Großstädten. Die Menschen verlassen die Betriebe und versammeln sich vor den Rathäusern. In Bonn rund 50000 Menschen vor dem Bundeskanzleramt. Der Platz vor dem Frankfurter Römer überfüllt. Die Massen protestieren schweigend. „Wir wollen nicht sterben“, steht auf eilig gemalten Transparenten.

„Stoppt diesen Wahnsinn!" – „Wir haben nur diese eine Erde" – „Was haben euch unsere Kinder getan?

Erwacht die Friedensbewegung wieder zum Leben? Wenn es nur nicht zu spät ist.

Protest der Schriftsteller gegen diesen „Wahnsinn". Mahnung der Gewerkschaften zur Vernunft: Die Arbeitnehmer weigerten sich, abermals die Hauptlast der Opfer tragen zu sollen. Die Gewinnler und Profiteure des Rüstungswettlaufs müßten jetzt einsehen, daß es auch um ihren eigenen Kragen geht. Die Gewerkschaften würden ihrer Verantwortung nachzukommen wissen.

Zum Generalstreik rufen sie nicht auf.

Der Vorstand der Sozialdemokratischen Partei appelliert an die Bundesregierung, in Washington noch nachdrücklicher vorstellig zu werden, damit alles getan werde, um eine weitere Eskalation zu verhindern. Appell an Moskau, sich mit Drohungen, die zur Eskalation führten, zurückzuhalten.

Die Konfusion ist total. Hinter all diesen Appellen steckt Rat- und Hilflosigkeit. Wir starren wie das Kaninchen auf die Schlange.

Schweißtreibende, lastende Hochsommerhitze. Das Thermometer zeigt 35 Grad. Zum Ersticken.

27. Juli, abends

In der heutigen Redaktionskonferenz kein klarer Gedanke und keine klare Linie. Ständig stürzten die Boten mit neuen Horrornachrichten herein. Über Santiago de Cuba wurde ein amerikanischer F-116-Jagdbomber mit vier Atomwaffen an Bord abgeschossen. Moskau betont, strategische U-Boote hätten den Befehl, den US-Stützpunkt Guantanamo mit Atomraketen anzugreifen, falls Kuba nuklear attackiert werde.

Aus der Mitte der Redaktion dann der Vorschlag, unsere Leser und darüber hinaus die gesamte Öffentlichkeit zum Widerstand aufzurufen: Die Bevölkerung muß jetzt ihr Schicksal selbst in die Hand nehmen. Die Abschreckung hat offenkundig versagt und damit ihren Sinn und Zweck, nämlich den Krieg zu verhüten, verloren. Griffe der Krieg auf Europa über, wäre die Vernichtung Deutschlands die mindeste Konsequenz. Wir können uns mit militärischen Mitteln nicht verteidigen. Wir können unsere freiheitliche Grundordnung militärisch ebensowenig sichern wie die drüben ihre sozialistischen Errungenschaften. Das Groteske ist, daß wir in einen Krieg hineingezogen werden, obwohl die Sowjetunion keinerlei Angriffsabsichten in Mitteleuropa und gegen uns hat. Der Warschauer Pakt hat noch nicht einmal mobil gemacht. Diese Verrücktheit kann nicht damit gerechtfertigt werden, es gehe um den Schutz unserer Freiheit.

Die Redaktionsleitung sah sich nicht imstande, über diese Forderung zu entscheiden. Der Antrag wurde auf morgen vertagt. Morgen kann zu spät sein. Wenn die Kriegsmaschine erst einmal in Gang kommt, kann sie niemand stoppen. Dann wird der Widerstand der Massen nichts mehr retten können. Der atomare Raketenkrieg läßt sich auch ohne das Volk führen.

Die Bürger werden, sofern sie Rundfunk oder Fernsehen angestellt haben, regelrecht überschwemmt mit Sonder- und Hintergrundberichten belangloser Art, Stellungnahmen, Interviews. Der Kanzler wird befragt, der Außen- und Verteidigungsminister, der Generalinspekteur. Belanglose Fragerei: „Haben Sie die Hoffnung auf eine Konfliktlösung am Verhandlungstisch?" — „Würden Sie sagen, daß unsere Sicherheitspolitik sich dennoch als richtig erweist?" — „Geben Sie einer Verhandlungslösung eine Chance?"

Die Korrespondenten berichten von der Stimmung im Ausland. Die Briten bewahren kühles Blut, die Franzosen sind zuversichtlich, die Amerikaner vertrauen auf ihre Stärke. Wunschdenken. Nur der Korrespondent aus Moskau hat eine bedrückte Atmosphäre festgestellt.

Dazwischen endlose Kommentare, die alle zu dem Ergebnis kommen, daß die Sowjetunion ein Hazardspiel begonnen habe, das aber irgendwann beendet werden müsse. Die Vereinigten Staaten verteidigten lediglich die Freiheit, allerdings müßten auch sie an den Verhandlungstisch.

Hörer und Zuschauer kommen durch diese Art der

„Berichterstattung“ nur noch mehr in die Rolle von Opfern, die nichts tun können, weil andere für sie agieren. Als ginge es um ein Naturschauspiel, das man abwarten muß in der Hoffnung, daß es einen nicht erwischt.

Wenn ich Tina ansehe, kommt mir der Gedanke absurd vor, daß wir möglicherweise nur noch kurze Zeit, nur noch wenige Tage haben könnten. Unser gemeinsames Leben, auf Dauer und mit natürlichem Ende gedacht, ist doch noch längst nicht ausgelebt. Aber die Ereignisse greifen von außen in unsere private Existenz. Es ist Krieg. Wenn er auf Europa übergreift, sind wir Todeskandidaten. Wie alle anderen auch.

27. Juli, Mitternacht

An Schlaf ist nicht zu denken. Angst und Gewißheit, dann wieder Hoffnung: Es kann nicht sein, was nicht sein darf.

Vollmond. Taunusrodt schläft dem Morgen entgegen. Einige Fenster noch erleuchtet. Die Angst geht auch woanders um.

Tina kocht uns einen Kräutertee zur „Beruhigung“. Wir haben Angst. Um unser Leben, umeinander, Angst um Christine und Andreas. Christine war so bedrückt nach Südfrankreich gefahren, als ob sie ahnte, daß etwas passiert.

Darin ähnelt sie meiner Großmutter. Ich erinnere mich noch sehr gut an Situationen, wenn diese sonst kräftige und lustige Bauersfrau (sie hatte drei lange Barthaare am Kinn, die ich als Kind beeindruckend fand), still und in sich gekehrt wurde. Dann machten wir uns auf ein Unglück gefaßt. Mein Großvater schimpfte und scheuchte uns ärgerlich umher, weil er auf das „zweite Gesicht“ nichts gab. Für ihn war das Humbug. Aber beim Essen beobachtete er sie doch genau und versuchte in ihrem Gesicht zu lesen. Großmutters Ahnungen bestätigten sich meistens. Irgendwo in unserer näheren Umgebung brannte es oder es starb jemand unerwartet.

Der atomare Holocaust ist nun schon so lange vorbereitet, vorgedacht und voremfunden worden, daß er uns eigentlich schon — wie der natürliche Tod — als unvermeidbares Naturschicksal erscheint und nicht als Verbrechen. Daß dieser Krieg möglich wurde, liegt daran, daß sich beide Seiten mit einer geistigen, psychischen und materiellen Energie ohnegleichen auf ihn vorbereitet haben.

Der Beginn dieser Entwicklung ist noch gut in Erinnerung: Anfang der 80er Jahre eröffnete die Rüstungstechnologie mit dramatischer Geschwindigkeit eine realistische Aussicht auf den atomaren strategischen Erstschlag. Perfektionierte U-Boot-Ortung, Ausbau von Kommunikations-, Kontroll- und Kommandostrukturen, Laser- und Partikelstrahlwaffen im Weltraum, Killersatelliten mit der Fähigkeit, anfliegende strategische Raketen mit neunzigprozentiger Wahrscheinlichkeit zu zerstören.

Im Frühjahr 1983 ordnete der damalige US-Präsident Reagan die Erforschung und Entwicklung von Weltraumwaffen an. Da es sich um „reine Verteidigungswaffen“ handeln sollte, gelang die Täuschung von Öffentlichkeit und Presse. Wer hat etwas gegen Verteidigung? Verteidigung ist sittlich gerechtfertigt. Nicht einmal die „bösen“ Sowjets mit ihren gewaltigen Raketen dürften etwas gegen Verteidigung haben. Der Trick dabei war nur der, daß die Amerikaner ihre Angriffsraketen nicht nur behielten, sondern moderne in massenhafter Zahl dazustellten.

Man sagt, Politik werde von Menschen gemacht. Das ist falsch. Politik wird von Menschen vollzogen. Politiker sind nicht die Schachspieler, sie sind die Figuren auf dem Brett. Ich glaube, daß Nietzsche recht hatte, wenn er einen „Willen zum Nichts“ in der Geschichte am Werk sah, einen Willen zur Selbstzerstörung. Edward P. Thomson spricht von Exterminismus. Für mich Determinismus.

Solange die USA und die Sowjetunion gegenseitig nicht angreifen konnten, weil beide Seiten auch nach einem verheerenden Atomangriff die Zweitschlagsfähigkeit in jedem Fall behalten hätten, beruhte Abschreckung auf der Unmöglichkeit, Krieg zu führen. Krieg wäre Selbstmord gewesen. Bei militärischem Patt und Gleichgewicht der Kräfte kann man Konflikte nicht mit Waffen lösen, sondern nur durch Verhandlungen. Deshalb hieß die Devise Entspannung.

Ab Mitte der 80er Jahre die Möglichkeit des kalkulierbaren Erstschlags, dann wie ein Zwang die Konzeption für begrenzte strategische Optionen, schließlich die Verlockung zum Enthauptungsschlag. Die These von der Führbarkeit eines nuklearen Krieges war schließlich das Resultat. Seit einigen Jahren propagieren die USA, daß der strategische Krieg gewonnen werden könne und gewonnen werden müsse; denn nur durch einen Sieg der USA in einem All-Out-War werde die Sowjetunion wirksam abgeschreckt. Nur diese Abschreckung könne den Weltfrieden garantieren.

Die USA als „die Wächter der Freiheit auf den Wällen der Welt" — John F. Kennedy, der Initiator des Vietnam-Krieges.

Die Servilität der hierzulande praktizierten „Bündnispolitik" bleibt unbegreiflich. Was nützt uns denn eine Erstschlagsfähigkeit der Amerikaner? Europa wird als Geisel genommen. Europa kann sich gegenüber der UdSSR niemals schützen.

Schon Stalin hat — obwohl er keine die USA bedrohenden Atomwaffen hatte — vorexerziert, daß eine kommunistische Führungselite niemals unter Zwang nachgeben wird, weil sie nicht nachgeben kann, es sei denn, sie wollte freiwillig abdanken. Keine Elite hat jemals freiwillig abgedankt. Auch Hitler nicht. Eliten kämpfen bis zum Untergang, wenn sie dazu gezwungen werden.

Jetzt sieht es so aus, als ob die Sowjets den Rüstungswettlauf verlieren werden. Westliche Sicherheitspolitiker spotten schon seit Jahren, der Kreml werde mit seinen Atomwaffen in absehbarer Zeit ein Papiertiger sein, der nur noch kapitulieren könne. Haltet noch eine Weile aus, ihr Freiheitskämpfer auf den Wällen der Welt, bald ist es so weit, dann geben wir's ihnen, dieser Höllenbrut, diesen „Teufeln des 20. Jahrhunderts" (Axel C. Springer über die Sowjets), diesen „Verwaltern des Reiches des Bösen" (Reagan).

Aber zum Kriegführen gehören zwei. Die sowjetische Führungselite sucht jetzt die Entscheidung, bevor die Amerikaner produktionsreife Weltraumwaffen installiert haben. Der Fuchs springt den Jagdhund an. Wer ist der Aggressor?

Die Rüstungstechnologie diktierte aber nicht nur die militärische Strategie, sondern auch die Politik. Dieses gigantische Arsenal brauchte zu seiner Legitimation einen Feind: Abschreckung durch die sich abzeichnende Kriegsführungsfähigkeit verlangte den angriffslüsternen Gegner. Totale Waffen erfordern den totalen Feind. Sonst wären sie eine kriminelle Monstrosität.

Die Sowjets hätten im Büßergewand nach Washington pilgern können, es wäre ihnen als schäbiger Trick ausgelegt worden, mit dem sie den Westen einlullen wollten. Da sie es nicht taten, sondern sich so verhielten, wie man es von einem unnachgiebigen Gegner erwartet, bestätigten sie das Feindbild aufs Trefflichste. Sich selbst erfüllende Prophezeiung.

Die Friedensbewegung der 80er Jahre war unsere letzte Chance. Warum zerfiel sie? Warum Resignation, Streit, blinder Aktionismus? Waren die Sachzwänge stärker? Warum haben die Massen nicht mitgemacht? Die Vernunft mußte abtreten. Sie kapituliert immer als erste.

Ich bin todmüde. Tina ist endlich eingeschlafen.

Ein tröstlicher Gedanke, jetzt nicht allein zu sein.

28. Juli, mittags

Die amerikanische Regierung ist felsenfest davon überzeugt, daß die Sowjets den Putsch gegen das saudi-arabische Königshaus inszeniert haben. Die Bundesregierung in Bonn ist selbstverständlich derselben Ansicht. Beweise dafür gibt es nicht. Es spricht sogar vieles dagegen.

Seit Mitte der 50er Jahre zeichnete sich in den arabischen Ländern ein islamischer Fundamentalismus ab, eine religiöse Erneuerungsbewegung, getragen von radikalen Moslembruderschaften und dem Fanatismus in den Koranschulen.

Prominente Opfer: Bhutto in Pakistan, der Schah im Iran, Sadat in Ägypten. Schließlich der unerhörte

Sturm auf die Moschee in Mekka 1979. Französische Elitetruppen haben damals, als Saudis verkleidet, das Königshaus gerettet.

Der arrogante Eurozentrismus hatte aber nur das Öl im Blick. Die gewaltige Umwälzung wurde nicht verstanden, geschweige denn ihre Ursachen. Im Grunde wehrte sich die moslemische Welt gegen die westliche Industriezivilisation, die alles besudelt, was sie anfaßt, weil ihr nichts heilig ist außer dem Geld, und ihr einziger Glaube der an den technischen Fortschritt ist.

Das saudi-arabische Königshaus aber war der Promotor der alleszerstörenden Industriekultur, die die islamische Welt überflutete.

Jetzt können nur die Sowjets für diesen sich lange schon abzeichnenden Putsch verantwortlich sein. Müssen verantwortlich sein. Das psychotische Abschreckungssystem schafft sich seine eigene Realität, obwohl Abschreckung nur dann funktionieren kann, wenn Vernunft und gesunder Menschenverstand herrschen.

Das ist das Dilemma, das wir nicht lösen können.

Heute wieder Demonstrationen. Die Bevölkerung scheint begriffen zu haben. Jeder, der Kraft seines Amtes etwas zu sagen hat und von den Medien zur Kenntnis genommen wird, appelliert. Unentwegte Appelle. Aber es handelt niemand. Nutzlose Aktivitäten. Sie stoppen die angelaufene Kriegsmaschine nicht, die sie in Amerika die Doomesday-Maschine nennen, die Weltuntergangsmaschine. Es gibt keinen treffenderen Ausdruck!

Die Tatsache aber, daß die Bevölkerung mißtrauisch und unruhig geworden ist, sollte doch ihre Wirkung auf die Bonner Regierung nicht verfehlen. Wir müssen den Amerikanern sagen: Bis hierher und nicht weiter, sonst steigen wir aus. Wenn schon Krieg, dann ohne uns.

In der Redaktion stehen wir vor der schwierigen Frage, ob wir unsere Leser jetzt zum Widerstand aufrufen sollen. Aufgrund des Ansehens der Zeitung hätte das sicher Signalcharakter für andere Medien. In anderen Redaktionen denken die Kollegen ebenso.

Die Entwicklung überrollt uns. Es hat keinen Zweck mehr, Nachrichten zu produzieren, die bei Erscheinen des Blattes am nächsten Morgen überholt sind. Wir sollten jetzt politische Orientierungshilfe geben, Anleitung zur Selbsthilfe. Das Volk muß sein Schicksal in die eigenen Hände nehmen, nachdem die Politik so offenkundig versagt hat. Sicherheitspolitik hat sich in Existenzbedrohungspolitik verwandelt, und Europa – in jedem Falle aber die beiden Teile Deutschlands – wird dieser Politik zum Opfer fallen müssen, falls der Krieg aus der Karibik und dem Mittleren Osten auf uns übergreift.

Die beiden Supermächte spielen ein wahnwitziges Spiel: Die Sowjets Russisches Roulette, die Amerikaner Poker. Der Kreml scheint offenbar – trotz des drohenden Verlusts der strategischen Zweitschlagsfähigkeit – eine atomare Konfrontation riskieren zu wollen, während sich die USA den nahe scheinenden Sieg über den Erzrivalen nicht nehmen lassen wollen.

Die sowjetische Führung weiß, was ihr bevorsteht, wenn sie die Amerikaner nicht daran hindern kann, Abwehrwaffen im Weltraum zu stationieren. Oft genug haben ihr amerikanische Strategen die Köpfung angedroht, den Enthauptungsschlag, es sei denn, sie trete „mit einem Winseln" ab.

Gespenstisches, aber realistisches Szenario: Die Amerikaner brauchen nur anzudrohen, eine sowjetische Großstadt über 200000 Einwohner anzugreifen, um eine Panik auszulösen, die die „Nomenklatura" vielleicht hinwegfegen würde. Dieses und ähnliche Planspiele sind seit langem bekannt. Immer wieder und vielfach durchgespielt. Der strategische Krieg ist in allen Variationen geübt und geprobt worden. Man steht bereit.

Die sowjetische Partei- und Militärelite ist zum letzten Gefecht angetreten. Sie wird sich mit allen Mitteln wehren – noch kann sie es –, und sei es um den Preis des weltweiten Holocausts. Für sie ist die Aussicht der bevorstehenden Kapitulation abschreckender als die jetzige Konfrontation mit den USA.

Die Abschreckungsstrategie hat für die Sowjets die Abschreckungswirkung verloren. Aber auch für die Amerikaner; sie glauben, eine Chance zu haben, die Sowjets in die Knie zwingen zu können.

Das müssen wir den Lesern klar machen.

Wenn Abschreckung nicht mehr abschreckt, muß Europa aus dieser „Sicherheitspolitik“ aussteigen. Die Bündnisverpflichtungen werden zu Fesseln.Wenn die beiden Supermächte schon das Risiko der strategischen Konfrontation mit ihren unabsehbaren Folgen einzugehen bereit sind, um wieviel risikoloser können sie in Europa kriegführen. Sie können sich in Europa sogar verteidigen — bis zum letzten Deutschen in Ost und West. Für sie macht der Begriff Verteidigung Sinn. Wir können nur ins Gras beißen.

Der Chefredakteur zögert. Er hat Bedenken, leidet Qualen. Ein Aufruf zum Widerstand würde, auch wenn die Notstandsgesetze noch nicht in Kraft seien, als Hochverrat ausgelegt werden. Wenn die beiden Supermächte den Konflikt doch noch unter Kontrolle bekämen, wovon er zutiefst überzeugt sei, wäre die Zeitung erledigt. Dafür könne und wolle er die Verantwortung nicht übernehmen.

Im übrigen würde die Ausgabe — einem entsprechenden Aufruf gemäß — von den Behörden bereits bei der Auslieferung beschlagnahmt werden.

Die Bedenken wiegen schwer. Noch. In wenigen Tagen vielleicht wird es eine läppische Formalie sein, die uns um eine letzte, winzige Chance gebracht hat.

Pausenlos rufen Leser an. Verängstigt und verstört setzen sie Hoffnung in die Zeitung. Wir sollen verhindern, daß die Bundesrepublik in diese irrsinnige Konfrontation der Supermächte hineingezogen wird. „Denen in Bonn“ solle ganz deutlich gesagt werden, daß das Volk keinen Krieg will. Was sollen wir ihnen sagen? Wir brauchen selbst Orientierungshilfe.

Überfüllte Kirchen. Vor der Katharinenkirche an der Hauptwache drängen sich Menschen, die keinen Einlaß finden. Gebete statt Widerstand? Ergebenheit statt Handeln?

Der Rat der EKD mahnt die Verantwortlichen, sich nicht am Menschen und an der Schöpfung und damit gegen Gott zu versündigen. Sie müßten wissen, daß sie dabei seien, schwere Schuld auf sich zu laden, wenn sie die Konfrontation noch weitertrieben. Es gebe keinen Anlaß für einen militärischen Konflikt, schon gar nicht in Europa. Und für einen möglichen Einsatz von Atomwaffen gebe es auch nicht die geringste Rechtfertigung. Die Evangelische Kirche in Deutschland ruft die Christenheit auf, zu beten, damit Gott diejenigen, die jetzt die schwere Bürde der Verantwortung trügen, erleuchte und ihnen zu segensreichen Entscheidungen verhelfen möge.

Die katholische Bischofskonferenz äußert sich ähnlich naiv und weltfremd. Der eilige Vater sei zutiefst besorgt. Alle Gläubigen werden aufgerufen, sich in Gebet und Fürbitte um ihn zu scharen, denn die Stunde der Not und der Anfechtung sei da. Gott wisse, weshalb er jetzt diese schwere Prüfung über die Menschheit habe kommen lassen, sein Ratschluß sei unerforschlich. Das aber heiße nicht, daß die politisch Verantwortlichen nicht gehalten wären, im Geiste der Brüderlichkeit und der Bergpredigt, also auch der Feindesliebe, zu entscheiden. Der Papst verurteile strikt jeden Gedanken an den Einsatz von Atomwaffen. Dies wäre eine schreckliche Sünde. Gott helfe den Verwaltern seiner Kirche.

Vermutlich ist es dafür zu spät. Beide Kirchen haben, trotz flehentlicher Bitten ihrer Basis, an der These „Frieden schaffen mit und ohne Waffen" festgehalten. Sie haben zwar den Einsatz von Atomwaffen nachdrücklich verurteilt, hielten aber an der atomaren Abschreckung fest und segneten sie „für eine begrenzte Frist" als sittlich legitime Politik der „Friedenssicherung" ab. Mit Ablauf dieser Frist sollte auch die atomare Abschreckung unmoralisch sein. Nur haben sie diese begrenzte Frist nicht näher bestimmt.

Seit wann sind Moralität oder Unmoralität von Verhaltensweisen an Fristen gebunden? Ist die Frist jetzt abgelaufen, da die Rüstungstechnologie die Abschrekkung selbst ad absurdum führt? Kein klares Wort der Kirchenleitung dazu.

In der Redaktion herrscht eine Stimmung wie in einem Trappistenkloster. Jeder arbeitet schweigsam und verbissen vor sich hin. Die Angst sitzt mit am Schreibtisch, schreibt mit, redigiert mit.

Ich glaube, wir verstärken nur die Angst der Leser.

Tina rief gerade an. Sie sagte, daß sie mich liebe und daß nichts und niemand unsere Beziehung zerstören könne. Es tat gut, ihre Stimme zu hören. Sie macht mir wieder Mut.

Wie ertragen Frauen eigentlich diese wahnwitzige Bedrohung, die doch letztlich von Männern verursacht wird? Erich Fromms These von der unbewußt nekrophilen Lust des Menschen trifft doch nur auf die eine Hälfte Mensch zu, den Mann. Die Lust am Tod, am Töten, am tödlichen Risiko ist doch wohl eine rein männliche Eigenschaft. Die Frau ist dem Leben eher verhaftet als der Mann, aber sie fehlt bei der Gestaltung der Welt.

Politik, Geschichte und Gesellschaft gestaltete das Patriarchat nach männlichen Idealen und Wertvorstellungen, die es auf den Tod zu verteidigen galt. Der Dualismus in der Freudschen Triebtheorie als Aussage über den Menschen schlechthin kann so nicht gelten, eher so: Bei der Frau dominiert der Lebenstrieb, beim Mann der Todestrieb.

Hätten weibliche Generäle Millionen von Frauen in das Maschinengewehrfeuer des Ersten Weltkriegs gejagt? Könnten sich Frauen gegenseitig zu Millionen das Bajonett in den Bauch stoßen, in dem Leben entsteht? Hätten junge Mädchen vor Langemarck singend in den Tod stürmen können? Wäre es Frauen möglich gewesen, vom „süßen und ehrenvollen Tod fürs Vaterland" zu schwärmen?

Gewiß, das Patriarchat hat sich die Frau unterworfen und bewirkt, daß sie sein Weltbild teilte. Ohne die Bewunderung der Frau wäre kaum das infantile Heldenideal denkbar gewesen, und somit auch wohl nicht der gesellschaftliche Stellenwert alles Militärischen. Mädchen und Frauen waren es, die die ausrückenden und heimkehrenden „Helden" bekränzten und selbst brav und aufopfernd an der Heimatfront ihren Dienst taten.

Und dennoch: In einer von Frauen gestalteten Geschichte Europas hätte es vermutlich keine Kreuzzüge gegeben, keine Hexenprozesse, und die „Wilden" in Afrika, Asien und Amerika wären nicht zu Millionen abgeschlachtet worden. Eine Frau Bonaparte? Eine Frau Hitler, Himmler, Eichmann? Eine Frau Stalinowa? Frauen wie Katharina die Große, Golda Meir, Indira Ghandi, Margaret Thatcher werden doch eher als weibliche Männer wahrgenommen.

In einer matriarchalisch gestalteten Welt wäre der

eiskalt geplante, industriell organisierte Massenmord wie in Auschwitz undenkbar gewesen, weder der „Herrenmensch“ noch der „Untermensch“. Eine Frau hätte „Mein Kampf“ nicht schreiben und den Befehl zur Ausrottung „lebensunwerten Lebens“ rassischer Minderheiten nicht geben können. Eine globale Schlächterei wie der Zweite Weltkrieg wäre in einem Matriarchat unvorstellbar, desgleichen Arbeitslager, Ausrottung von Bauern, Dissidenten und „Staatsfeinden“. Eine von Frauen dominierte Regierung hätte den Abwurf der Atombomben auf Hiroshima und Nagasaki niemals anordnen können, Japanerinnen hätten niemals so satanisch in Asien gewütet, weibliche Präsidenten oder Generäle könnten nicht foltern und morden oder in Todesschwadronen wahllos massakrieren.

Alle Waffen haben nur Väter. Ein Mann erfand das Pulver, das Gewehr, die Kanone, das Maschinengewehr, das Kampfflugzeug, die Atombombe, die Wasserstoffbombe, die Rakete, den Mehrfachsprengkopf. Diese ganze perfektionierte Tötungsmaschine, die alles höhere Leben auf diesem Globus auszurotten vermag, entsprang männlichen Hirnen. Es sind Männer, die entschlossen sind, „unter der schwachsinnigen Drohung 'wenn es denn sein muß', die ganze Welt in eine von giftigen Dünsten umhüllte Wüste zu verwandeln“. Die „moralische und intellektuelle Unzulänglichkeit“, von der Thomas Mann spricht, ist ein männliches Defizit.

28. Juli, abends

Die sowjetische Nachrichtenagentur teilte heute nachmittag mit, die Amerikaner machten auf ihren Stützpunkten in Mittel- und Fernost mobil. Die Sowjetunion fasse dies als ernste Bedrohung auf. Sie werde nicht zulassen, daß die USA von ihren Stützpunkten aus beliebig viele Krisenherde schaffen oder gar Kriegsschauplätze eröffnen.

Das muß als kaum verhüllte Drohung verstanden werden. Nur mit Atomwaffen kann die UdSSR verhindern, daß die Amerikaner sie von ihren über 400

Stützpunkten rund um das Riesenreich bedrohen oder angreifen. Der Kreml ist geostrategisch in der schwächeren Position. Er ist eingekreist. Der eingekreiste oder in die Ecke gedrängte Gegner aber schlägt plötzlich und überfallartig zu. Das ist seine einzige Chance. So verhalten sich auch Tiere; es ist eine instinktive Verhaltensweise. Obwohl das Abschreckungssystem gerade jetzt und mehr denn je der Rationalität und Berechenbarkeit auf beiden Seiten bedürfte, gewinnen irrationale und angstbestimmte Verhaltensmotive zunehmend die Oberhand. Dann aber gibt es keine Abschreckung mehr. Den Eingekreisten schreckt Abschreckung nicht ab, sondern motiviert ihn geradezu.

Diesen simplen, aber gefährlichen Sachverhalt nicht zur Kenntnis nehmen zu wollen, wäre Blindheit.

Die Kampfhandlungen sind kaum noch zu überblikken. US-Jagdbomber greifen sowjetische Truppen in Äthiopien und Nordjemen an — erfolgreich, meldet UPI, mit schweren Verlusten, betont TASS. Das Weiße Haus weist ein Ultimatum des Kreml, die heute morgen begonnenen Landeoperationen auf Kuba einzustellen, entschieden zurück. Die pausenlosen Luftangriffe gegen die Insel gehen weiter. TASS spricht von ungeheuren Opfern unter der kubanischen Bevölkerung, das amerikanische Militärkommando bestreitet dies.

Die politische und militärische Führung beider Seiten kann die militärische Kontrolle über diese verstreuten Kriegsschauplätze, die zu einem globalen verschmelzen können, unmöglich auf Dauer behalten. Von keiner Seite eine Geste des Einlenkens. Die fatale Gewißheit verstärkt sich, daß beide Supermächte die Entscheidung suchen, es sei denn, die jeweils andere gäbe nach. Nachgeben oder Einlenken aber müßte im Rahmen des Abschreckungssystems als Kapitulation interpretiert werden. Atomare Abschreckung läßt keinen Raum für Einlenken, wenn eine bestimmte Krisenschwelle überschritten ist. Dann gibt es nur noch die automatische Steigerung der militärischen Aktionen.

Den ganzen Tag über verfolgte mich ein längst vergessenes Kindheitserlebnis, Sommer 1942, ich war zu

Besuch bei den Großeltern. Früher Abend, wir saßen beim Nachtmahl. Ein Sommergewitter entlud sich über dem Dorf am Fuße der Karpaten. Noch in die Blitze hinein krachte der Donner, aber in der Nähe des Großvaters hatte ich keine Angst. Da schlug der Blitz in die Ställe. Die Pferde rasten und wieherten in Todesangst, es klang eher, als ob sie schrien. Es brannte. Großvater stürzte hinaus, niemand bemerkte, daß ich hinterher gelaufen war. Ich stellte mich unter die überdachte Toreinfahrt. Da stürmte Janošik aus dem Stall, mein Lieblingspferd. Der Rappe jagte um das weite Karrée des Hofes, Funken sprühten unter seinen Hufen, Wasser spritzte auf, das Fell glänzte im Regen. Die Augen des Tieres waren vor panischem Schrecken ins Weiße verdreht. Es raste keuchend auf die Toreinfahrt zu. Langsam, ganz langsam, wuchs der schwarze Leib vor mir in den Himmel. Ich hob abwehrend die Hände vor der entfesselten Wucht, die über mich hereinbrach, ohne daß ich den Schlag des Hufes gespürt hätte.

Tina sagt, ihre Abteilung werde morgen nicht arbeiten. Der ganze Betrieb werde sich an einer Schweigedemonstration in der Wiesbadener Innenstadt beteiligen. Die Geschäftsführung habe zugestimmt.

29. Juli, mittags

Die Bevölkerung zeigt erste Panikreaktionen. Die atomare Bedrohung ist nähergerückt und kommt als Lebensgefahr zu Bewußtsein. Zu spät? Ein Vulkan 'schläft' nicht. Plötzlich bricht er aus und speit Lava.

Schon weit vor Wiesbaden gab es kein Weiterkommen mehr. Den Wagen hatte ich auf einen Waldweg am Nordfriedhof bugsiert und ging zu Fuß durch die brodelnde Innenstadt zum Hauptbahnhof.

Das Verhalten der Massen ist deprimierend, aber vielleicht verständlich. Sie kämpfen nicht gegen die Gefahr, sondern nur ums Überleben. Die Geschäfte wurden einfach gestürmt. Schreiend und fluchend, stieren Blicks, zwängten sich die Menschen durch die steckengebliebene Blechlawine, kletterten über Kühlerhauben und Autodächer. Manche Läden — regelrecht geplündert.

Die zehntausendfache Angst schaukelte sich zu einem psychischen Dammbruch auf. Die Belegschaft des Hertie-Kaufhauses verteidigte sich in den geborstenen Schaufenstern mit Sprühdosen und Eisenstangen. Die kleinen Läden blieben vergittert wie Festungen.

Auf dem Frankfurter Hauptbahnhof empfingen Lautsprecherdurchsagen die Reisenden: „Vermeiden Sie die Innenstadt! Sie kommen nicht weiter. Frankfurt ist gesperrt! Fahren Sie mit dem nächsten Zug nachhause!“ Chaos. Die ratlosen Massen schoben sich hin und her, Hunderte wurden auf die Bahngleise gestoßen. Viele Verletzte schon hier.

Auf dem Bahnhofsvorplatz, in der Münchner- und Kaiserstraße Polizei in Bataillonstärke, aber nur, weil sie nicht in die Innenstadt durchkam, obwohl sie rücksichtslos dreinschlug und die Panik nur noch vergrößerte. Auf dem Dach der Dresdner Bank und des BfG-Hochhauses landeten Polizeihubschrauber. Stekkengebliebene Straßenbahnen, die Autos Stoßstange an Stoßstange, mit bleichen, weinenden Insassen.

Die Banken an der Hauptwache hatte die wogende und keuchende Menge bereits gestürmt. Ihre Angst hatte sich teilweise in Wut gewandelt. Sie fühlte sich geprellt, weil den Geldinstituten das Geld ausgegangen war. Der Ansturm kam zu plötzlich.

Wann hätten die Deutschen in Krisenzeiten je die Haltung verloren? Selbst die Bombardements hatten sie diszipliniert über sich ergehen lassen.

Von der ersten Etage des Cafés Kranzler mißlungene Versuche von Polizeibeamten, sich mit Megaphonen Gehör zu verschaffen. An der Katharinenkirche Polizeifahrzeuge und Ambulanzen mit rotierendem Blaulicht und Martinshorn. Sie kamen keinen Millimeter weiter.

Entsetzen, als ich auf einen weichen Körper trat. Ich sah ihn nicht. Auf den Treppen hinunter zur B-Ebene müssen mehrere Menschen totgetrampelt worden sein. Unbeschreibliche Szenen. Die Massen drängten aus den S-Bahn-Schächten herauf, die anderen stürzten hinunter. Die Menschen fielen in wirren Knäueln übereinander. In der Einkaufspassage bei Uhren-Christ mehrere reglose Leiber. Niemand achtete auf sie. An den zersplitterten Scheiben der eingedrückten Schaufenster der Kaufhof-Passagen Stoffreste und Blut.

Schweißnaß und mit den Nerven am Ende die Redaktion erreicht.

Ein Krisenstab bemüht sich, die Arbeit zu koordinieren. Die Hälfte der Kollegen fehlt, von den Boten ist nur einer da, der Fernschreiber verwaist, die Telefonaufnahme nur mit halber Besetzung. Niemand weiß zunächst, ob überhaupt eine Zeitung produziert werden kann.

In den anderen Städten dasselbe Bild. Hunderte von Geschäften, Supermärkten und Banken sind geplündert worden. Die Bevölkerung ist außer sich. Jeder einzelne hat Todesangst, jeder einzelne weiß mit einem Mal, daß er ein potentieller Todeskandidat ist, wohin er in diesem Staat auch flüchten wollte.

Wie will man mit so einem Volk kriegführen? Aber das Volk braucht man ja nicht mehr zum Kriegführen. Ruhigstellen muß man es für ein paar Tage, das ist völlig ausreichend. Den Rest besorgt der verselbständigte Militärapparat automatisch und von alleine.

Untrüglicher Spürsinn der Regierung: Die 'Fünfte Kolonne Moskaus' ist ausgemacht worden. Subversive, kommunistische Aufwiegler, systematisch im Untergrund geschult und ausgebildet, hätten die Panikstimmung erzeugt und aufgeheizt. Der Bundesinnenminister kündigt schärfstes Vorgehen an. Im Wiederholungsfalle werde die bewaffnete Macht eingesetzt. Dieser Staat lasse sich seine Verteidigungsbereitschaft nicht schwächen. Eine innere Front werde es nicht geben. Man kenne nicht nur die subversiven Elemente, sondern auch ihre Sympathisanten und Helfershelfer. Jetzt erweise sich die jahrelange Geduld mit der Friedensbewegung und dem 'organisierten Pazifismus' als grundlegender Fehler.

Es scheint mir fast ein historisches Gesetz zu sein, daß ein Krieg nur dann möglich ist, wenn zuvor die politische Führung mit psychotischer Realitätswahrnehmung, also mit partieller Blindheit geschlagen wurde.

Dieser Fall ist nun eingetreten.

Trotzdem kommt etwas Hoffnung in der Redaktion auf. Die Panikreaktionen haben doch wirkungsvoller als alle Proteste gezeigt, daß die bundesdeutsche Bevölkerung Frieden will. Frieden um jeden Preis. Daß sie weder wehrbereit noch wehrwillig ist. Daß sie von Wehrbereitschaft nichts hält, weil sie weiß, daß die militärischen Möglichkeiten nicht mehr ausreichen. Dem muß die Regierung einfach Rechnung tragen.

Wenn die Krise zwischen den beiden Supermächten nicht eingedämmt werden kann und auf Europa überzugreifen droht, gibt es einen allgemeinen Aufstand. Auch die Amerikaner müssen zur Kenntnis nehmen, daß sich die Europäer der Tatsache bewußt geworden sind, auf einem Pulverfaß zu sitzen. Spät vielleicht, aber möglicherweise nicht zu spät.

Was nützen Washington solche Verbündeten? Endlich zeigt sich, daß die Menschen nicht gewillt sind, die drohende Katastrophe als Naturschicksal hinzunehmen, worauf die Politiker spekuliert haben mögen, als sie die Führbarkeit eines Krieges in Europa in ihre Planung einbezogen. In Europa gibt es keinen rationalen Kriegsgrund. Niemand will schießen, niemand will marschieren. Es existiert kein politischer Konflikt, der nur noch mit Gewalt zu lösen wäre. Europa in Ost und West will nicht Geisel der beiden Weltmächte sein.

29. Juli, abends

Die Sowjetunion, die DDR und die Tschechoslowakei beschuldigen den Westen, die Bevölkerung aufzuwiegeln. Eingeschleuste konterrevolutionäre Elemente, die größtenteils dingfest gemacht worden seien, hätten versucht, Massenpanik zu erzeugen, um die Verteidigungsbereitschaft in der DDR und in der CSSR zu lähmen und die Massen aus der brüderlichen Solidarität mit den Völkern der Sowjetunion herauszubrechen. Solche Versuche seien aber zum Scheitern verurteilt.

Rasch verdorrte das Hoffnungspflänzchen wieder in der Redaktion.

Doch irgendwie werden wir die Zeitung schon hinbekommen, wenngleich stark reduziert. Keine Anzeigen mehr, keine Annoncen. Aufschlußreiches Stimmungsbarometer.

Das Fernschreiben des Bundesinnenministers, die Presse solle sich in dieser historischen Stunde ihrer patriotischen Pflicht besinnen und zur Besonnenheit aufrufen, erwähnen wir nicht.

Vorläufige Bilanz der Massenpanik: 27 Tote in der Frankfurter Innenstadt und mehrere Hundert zum Teil Schwerverletzte. Der Sachschaden geht in die Millionen. Morgen bleiben Geschäfte und Banken geschlossen – eine vorübergehende Maßnahme, heißt es offiziell.

Zu Fuß zum Hauptbahnhof, die S-Bahn verkehrt nicht. An den 'strategisch wichtigen Punkten' Polizei. Räumkolonnen der Stadtwerke sind fieberhaft bemüht, die Zeugnisse der Massenangst zu beseitigen. Die Behörden haben offenbar die Rückkehr zur Normalität beschlossen. Es soll alles nur ein Ausrutscher gewesen sein. Kann mal passieren. Sie denken wohl an den Feind: Was soll der von uns halten? Die Verteidigungsbereitschaft darf nicht geschwächt werden. Wozu, wenn keiner anfangen will?

Tina berichtet, daß es in Taunusrodt ruhig geblieben sei. Wir sind beide etwas krampfhaft bemüht, uns unsere Angst nicht zu zeigen. Wenn wir beisammen sind, wehre ich mich gegen den Gedanken, wie sehr die weltpolitische Krise unsere gemeinsame, private Existenz bedroht. Wir weigern uns beide, daran zu denken, daß unser Zusammensein nur noch nach Stunden zu zählen sein könnte. Andererseits könnte es auch nicht länger dauern als das Schicksal dieser Erde. Diese Verknüpfung hat etwas Irreales.

30. Juli, mittags

Bundesregierung und Bundestag haben einen Teil der Notstandsgesetze in Kraft gesetzt. Flughäfen und Grenzübergänge sind ab sofort geschlossen, lediglich die Ausländer dürfen ausreisen. Vor allem die Schweiz und Frankreich, aber auch Österreich und die Benelux-Staaten hätten auf diese Maßnahme gedrungen, hieß es. Verständlich! Aus der Sicht der Franzosen sind wir aus „historischen und geographischen Gründen dazu ausersehen, in einem künftigen Krieg atomares Schlachtfeld zu sein“. Die französischen Sozialisten, die diese simple Wahrheit seinerzeit in ihrem Wahlmanifest schriftlich festhielten, waren größere Realisten als die deutschen Bundesregierungen. Ähnlich der frühere amerikanische Verteidigungsminister Weinberger. Man hätte in Bonn nur etwas genauer zuhören sollen, sensibler die Meinung der Verbündeten zur Kenntnis nehmen sollen, um über unsere Chancen einer militärischen Verteidigung aufgeklärt zu werden.

Statt dessen Kopf-in-den-Sand-Stecken. Jetzt, da den deutschen Micheln bewußt wird, was Franzosen und Amerikaner schon lange wissen, muß ihnen ein Riegel vorgeschoben werden, damit sie Frankreich nicht mit ihrer Angst anstecken. Für unsere Verbündeten sind wir plötzlich wie Aussätzige. Unerwünscht.

Ob die französischen Behörden Christine und Ralf nachhause schicken werden? Wenn die beiden klug sind, werden sie solange wie möglich in Antibes bleiben.

Auch die Wiesbadener Ordnungskräfte haben heute die Lage „im Griff“. An den Einfallstraßen erste Kontrollen, desgleichen auf dem Hauptbahnhof und rings um die Innenstadt. Banken und Supermärkte werden bewacht, überall Polizeipatrouillen. Es wird Normalität demonstriert, beschädigte Autos werden abgeschleppt und Schaufenster erneuert.

Weiterhin aber eine Atmosphäre von Angst und Nervosität, zum Greifen. Nur wenige Menschen auf der Straße, kaum Autofahrer. Im Rundfunk wiederholte Appelle, zur Arbeit zu erscheinen. Unentschuldigtes Fernbleiben werde als Arbeitsverweigerung betrachtet und entsprechend geahndet. Dennoch ist nicht zu übersehen, daß das Land einen Kollaps erlitten hat. Der Kreislauf ist ins Stocken geraten.

Die Züge fahren zwar wieder pünktlich, sind aber leer. Die wenigen Mitreisenden setzen sich wie eh und je entfernt voneinander auf die freien Plätze.

Die SPD zeigt wieder einmal Verantwortung in der Stunde der Not: Sie gibt ihre Zustimmung, die Notstandsgesetze teilweise in Kraft zu setzen und stellt die Forderung nach einer Allparteienregierung auf. Daraus wird aber nichts, weil die Bundestagsfraktion der

Grünen sie kategorisch ablehnt und statt dessen totalen Widerstand ankündigt. Es droht ein Verfassungskonflikt.

Versagen der deutschen Sozialdemokratie und der Gewerkschaften in einer historischen Stunde. Wie so oft. Und jetzt, da die Existenz des deutschen Volkes auf dem Spiel steht, erhebt sich die Frage, ob ein solches Versagen ihre historische Bedeutung nicht nur abwertet, sondern sie sogar als mitverantwortlich für die deutschen Katastrophen erscheinen läßt. Sozialdemokratie und Gewerkschaften haben die Arbeiterschaft nicht nur sozial diszipliniert und ihr den gesellschaftlichen Gestaltungswillen weitgehend genommen, sondern sie auch des Willens und der Fähigkeit beraubt, gemäß ihren ureigensten Interessen zum Krieg ein konsequentes Nein zu sagen.

Das Versagen des Sozialismus, seine historische Rolle wahrzunehmen, begann lange vor dem Ersten Weltkrieg. Die Tatsache, daß Arbeiterkinder ebenso mit Sang und Klang in den Krieg zogen wie Bürgersöhne, um französischen Arbeitern das Bajonett in den Leib zu stoßen, ist nur ein Beleg für dieses Versagen. Die sozialdemokratische Führung wußte sehr wohl, daß es patriotischer gewesen wäre, die Kriegskredite zu verweigern. Die Gewerkschaftsspitze wußte, daß ein Generalstreik eine vaterländische Tat gewesen wäre. Sie hätten der internationalen Solidarität einen unschätzbaren Dienst erwiesen – mit weitreichenden Folgen für die weitere Geschichte Europas. So wäre es zu keinem zweiten Weltkrieg gekommen, und unsere Gegenwart stellte sich natürlich gleichfalls anders dar. Im Augenblick präsentieren sich die beiden Supermächte seit 1945 offengebliebene Rechnungen.

Letztlich scheitert die SPD an dem Problem, Theorie und Praxis in Einklang zu bringen. „Der nächste europäische Krieg wird ein Vabanquespiel, wie es die Welt noch nicht gesehen hat, er ist aller Voraussicht nach der letzte Krieg. Das sagen sich alle verständigen Menschen, nur an den maßgebenden Stellen sieht man es nicht ein, sonst müßte das Spielen mit dem Feuer aufhören. Wie von unsichtbaren Mächten getrieben, rennt man ins Verderben“. So die SPD-Reichstagsfraktion 1911.

Noch vor wenigen Jahren erklärte das Präsidium der SPD: „Die SPD stimmt jenen zu, die befürchten, ein nächster Krieg werde mit Sicherheit der letzte sein. Verantwortliche Sicherheitspolitik muß davon ausgehen, daß nach Versagen der Abschreckung der Einsatz von Atomwaffen mit größter Wahrscheinlichkeit unausweichlich wäre. Nur die verantwortlichen Politiker in Ost und West nehmen diese Gefahr nicht in ihrer vollen Tragweite zur Kenntnis, sonst müßte das Spiel mit dem Feuer aufhören. Das Wettrüsten ist kein Naturschicksal, das uns ins Verderben führen müßte."

Regierung und Behörden sind von der gestrigen Entwicklung völlig überrascht worden. Ratlosigkeit und unentwegte Appelle zur Besonnenheit. Man solle Vertrauen zur Regierung haben, sie stehe in ständigem, engsten Kontakt zu den befreundeten Regierungen.

Mindestens ebenso wichtig wäre freilich, mit der sowjetischen Regierung und mit denen des Warschauer Pakts in Kontakt zu sein. Aber die Kommunikation zwischen Ost und West ist offenbar völlig zusammengebrochen. Nur noch Ultimaten und Drohungen, im übrigen militärische Aktionen.

Die Redaktion bemüht sich herauszufinden, wann die in den Notstandsgesetzen vorgesehenen restriktiven Maßnahmen — Lebensmittelmarken, Benzinrationierung, Möglichkeit der PKW-Beschlagnahme usw. — in Kraft gesetzt werden. Davon könne einstweilen noch keine Rede sein, wurde mitgeteilt.

Gerüchteweise verlautete, daß Maßnahmen zur Geldbewirtschaftung angeordnet seien, um eine Preisexplosion zu vermeiden, wenn morgen die Geschäfte wieder öffnen. Die Bürger würden sicher ihre Sparkonten plündern. Wie werden sie die neue Erfahrung verkraften, daß ab morgen das Geld, dieses bisherige Allmachtsmittel, nur von begrenztem Wert sein wird? Daß man sich auch mit Geld keine zusätzlichen Chancen kaufen kann?

Die sich rapide zuspitzende Bedrohung macht alle Bürger plötzlich gleich. Aber Gleichheit im Angesicht der Katastrophe hat nichts sonderlich Beruhigendes. Auf der 'Titanic' waren, als es ums nackte Überleben ging, auch alle plötzlich gleich, die Millionäre und die bettelarmen Auswanderer. Alle saßen sie buchstäblich in einem Boot. Jetzt sitzen alle Menschen Deutschlands und Europas in Ost und West, wahrscheinlich sogar die gesamte Menschheit, in einem Boot. Freund, Feind und Neutrale. Die Bedrohung ist für alle gleich. Das Ertrinken des einen ist das Absaufen des anderen. Politiker und Militärs haben das nicht begriffen.

30. Juli, abends

Jede aufkeimende Hoffnung wird, obwohl wenig mehr als der Griff nach Strohhalmen, immer wieder gedämpft durch Verlautbarungen der Bundesregierung. Der Bundesverteidigungsminister läßt die Bürger wissen, weshalb er nach wie vor zuversichtlich sei: Die abschreckende Wirkung der strategischen Waffen werde die beiden Supermächte vor dem Äußersten zurückhalten. Sie markierten die Grenze, die beide sicherlich nicht überschreiten würden, ein Minimum vorausgesetzt.

Es ist zum Verzweifeln! Selbst jetzt noch werden die Bürger dieses Staates von der Politik für dumm verkauft. Wie die Jahrzehnte vorher auch. Die abschrekkende Wirkung der Interkontinentalwaffen ist für uns Deutsche und für Europa ohne Belang; gerade weil ihre Abschreckung für Amerikaner und Sowjets so hoch ist, können beide Weltmächte einen auf Europa begrenzten taktischen Atomkrieg mit relativ geringem Risiko führen. Ist das bewußte Täuschungsabsicht, um das Volk ruhig zu halten, oder intellektuelle Unzulänglichkeit, daß europäische Militärs und Politiker diese für uns absurde Unterscheidung zwischen taktischen und strategischen Atomwaffen mitmachen? Diese Unterscheidung macht nur für Amerikaner und Sowjets Sinn, für Europa bedeutet bereits der taktische Atomkrieg den endgültigen. Ob sich die Weltmächte dann noch mit strategischen Waffen bekämpfen oder nicht, ist ohne Belang, wenn Europa zuvor in eine atomar verstrahlte, tote Wüste verwandelt worden ist.

Wo begründet die Geschichte ein Vertrauen in die Militärs? 1914 haben sie die strategische Bedeutung des Maschinengewehrs total verkannt, obwohl sie schon seit Jahrzehnten die Wirkung dieser Waffe im Manöver hätten studieren können. Statt dessen befahlen sie wie Anno 1870/71 den schneidigen Sturmangriff. Armeecorps um Armeecorps wurde in den sinnlosen Tod gejagt. 1939 verkannten die meisten Generäle die Wirkung des Panzers und des taktischen Bombers. Die Polen vertrauten ihrer Kavallerie, die Franzosen ihrer Maginot-Linie.

Offenbar spuken in den Köpfen der Militärs lediglich die Erfahrungen des jeweils letzten Krieges. Heute glauben sie, wie 1939 - 45 Panzerschlachten und Luftkämpfe austragen zu können — mit stärkerer Wirkung zwar, höherer Geschwindigkeit und größerer Präzision, aber im Prinzip gleich. Wenn ein paar hundert taktische Atomwaffen ganze Divisionen verdampfen lassen, wird es vorbei sein „mit der Fähigkeit, die Truppe in atomare Feuer zu führen." Groteske Leugnung der Realität.

Worauf gründet sich noch Hoffnung? Ich fürchte, auf die letztmögliche Reduktion, auf der auch die Hoffnung eines zum Tode Verurteilten beruht: Die Weigerung, die drohende Auslöschung zu akzeptieren, weil sie als Absurdität erscheint. Was jenseits von Erfahrung und Begreifbarkeit liegt, erscheint absurd.

Erst jetzt wird die Absurdität eines planetarischen Nuklearkrieges vollständig begriffen, weil die ersten Schritte auf dem Weg dorthin getan worden sind. Wann, wenn nicht jetzt, die Einsicht, daß jeder weitere Schritt der entscheidende letzte sein könnte? Gerade jetzt müßte die Vernunft, da der Blick in den Abgrund für niemanden mehr eine Perspektive übrig läßt, beide Seiten vor einer weiteren Eskalation zurückschrecken lassen.

Es ist die Hoffnung des „Es-darf-nicht-wahr-Sein", an die sich auch der Verurteilte noch klammert, wenn er zur Hinrichtungsstätte geführt wird. Seine Situation erscheint ihm absurd, und so hofft er, daß ihm der Scharfrichter statt des Urteils doch noch die Begnadigung verlesen wird.

Der Weltsicherheitsrat tagt seit heute in Permanenz. Gegenseitige, einsichtslose Beschuldigungen der beiden Weltmächte und ihrer jeweiligen Klientel. Der Konfrontationswille ist offenkundig.

Die Staaten der Blockfreien und der Dritten Welt begreifen endlich, daß es auch um ihr Schicksal geht. Ein globaler Atomkrieg müßte auch sie ins Verderben reißen. Der Vertreter Indiens weist auf die Groteske hin: Zwei Fünftel der Menschheit leben in den Staaten der NATO und des Warschauer Pakts. Wenn diese, was nunmehr trotz der Unfaßbarkeit möglich erscheine, die Hälfte ihrer Atomwaffen gegeneinander einsetzten, würde der 'Rest' von drei Fünfteln ebenfalls zum Untergang verurteilt, zumindest dramatischen Veränderungen der Lebensbedingungen zum Negativen ausgesetzt. Das Verhalten der Regierungen des Warschauer Pakts und der NATO erscheine daher als bar jeder Verantwortung. Jede weitere Eskalation müsse als kriminell bezeichnet werden.

Die Vereinigten Staaten werden beschworen, sich von Kuba zurückzuziehen und die Landeoperationen sowohl dort als auch in Saudi-Arabien zu beenden. Die Sowjets sollen ihre Stützpunkte in Äthiopien und im Nordjemen räumen sowie ihren Aufmarsch in Fernost stoppen.

Die UNO bietet ihre Hilfe an: In den Konfliktgebieten sollen UNO-Truppen stationiert werden.

Ich habe das Gefühl, das immer rascher zur Gewißheit wird, daß wir — mitbetroffene — Zuschauer einer griechischen Tragödie sind. Alle tun so, als ob die Akteure vernünftig redeten und handelten, während sie in Wirklichkeit ein vorbestimmtes Schicksal an sich und anderen vollziehen. Daher bleibt nicht einmal der — sinnlose — Trost, die Frage nach Verantwortung und Schuld zu stellen.

Wenn der globale Atomkrieg unvermeidlich sein sollte, so wäre es besser gewesen, er hätte sich vor 20 oder 30 Jahren ereignet, als Folge der Kuba-Krise etwa. Damals hätte noch eine Überlebenschance bestanden. Seither ist sie von Jahr zu Jahr geringer geworden.

Heute Nachmittag wieder bundesweite Demonstrationen in den meisten Großstädten und vor militärischen Einrichtungen. Polizei und Bundesgrenzschutz gingen mit äußerster Härte vor. In München, Stuttgart und Hannover wurde Bundeswehr eingesetzt. Versuche der osthessischen Bevölkerung, Atomwaffenlager, Munitionsdepots und Kasernen zu blockieren, wurden im Keim erstickt.

Bundesregierung und amerikanische Militärbehörden kündigten für den Wiederholungsfall rücksichtslosen Gebrauch von der Schußwaffe an. Die Drohung wurde mehrfach in Funk und Fernsehen wiederholt. Zahlreiche Verletzte und Verhaftungen. Auch die Bevölkerung rings um die Atomkraftwerke zeigt starke Unruhe. In Protestversammlungen wird die Abschaltung der Reaktoren gefordert, solange die internationale Krise andauere. Die Regierung lehnt ab.

Was hat es mit der Verteidigungsfähigkeit eines Staates auf sich, wenn der Gegner mit drei oder allenfalls vier Atomraketen, abgefeuert gegen heiße Reaktoren, die Bundesrepublik in eine verseuchte Wüste verwandeln könnte? Was für ein Widerspruch, dem Gegner jede Gemeinheit zuzutrauen, aber im Kriegsfall darauf angewiesen zu sein, daß er seine militärischen Möglichkeiten nicht nutzen wird.

Gemäß der Verlautbarung aus dem NATO-Hauptquartier in Brüssel wird an eine Mobilmachung „vorerst noch nicht gedacht", solange der Warschauer Pakt nicht mobilmache. Allerdings sei im Osten eine „schleichende Mobilmachung" im Gange. Das Oberkommando des WP erhebt in Richtung Westen just denselben Vorwurf. Beide Seiten zeigen trotz „der in unverantwortlicher Weise herbeigeführten bedrohlichen Situation" Zuversicht, eine Konfrontation in Europa zu vermeiden. Der Sprecher der NATO: Das liegt nicht bei uns, sondern bei den Verantwortlichen im Kreml. Der Sprecher des WP: Das liegt nicht an uns, sondern bei den Führern der NATO.

Letztlich wissen wir Journalisten trotz der Nachrichtenflut ebenfalls nichts. Während wir mit zitternden Fingern an unseren Schreibtischen sitzen, spähen über uns Satelliten, ob die Interkontinentalraketen der anderen Seite gefechtsbereit gemacht werden. Davon hängt unser Schicksal ab, und vor allem davon, wie in Moskau und Washington diese Informationen interpretiert werden.

Ein Nuklearkrieg in Europa hängt einzig davon ab, wie die verantwortlichen Militärs und Politiker hüben und drüben die möglichen Absichten des Gegners einschätzen. Wenn jetzt eine Handvoll Männer die Nerven verliert, weil sie die Informationen falsch auslegt und deutet! Oder wenn ein Satellit falsche Informationen liefert! Wir können nur noch warten, hoffen und — wer dessen fähig ist — beten.

Vertrauen in die Steuerbarkeit dieser Krise und dieses hochkomplexen Militärapparats wäre nur dann gerechtfertigt, wenn ausgeschlossen wäre, daß diese Handvoll Männer sich bei keiner einzigen Entscheidung mehr irrt. Irrtum ist verboten, oder das Pulverfaß fliegt in die Luft! Sollten sie irren, dann könnten sie nur Maßnahmen nach vorbereiteten, zuvor entwikkelten Szenarien in Gang setzen. Aber auch die Annahmen für das Szenarium müssen stimmen. Zeit für Improvisation bleibt im Kriegsfall nicht mehr, geschweige denn für Feldherrnkunst.

Im Zweiten Weltkrieg noch hatte man Wochen und sogar Monate Zeit für Aufklärung, Nachprüfung, Entwicklung und Durchführung von militärischen Operationen. Heute ist diese Zeit auf Stunden oder gar Minuten zusammengeschrumpft. Wenn der Militärapparat einmal angelaufen ist, bleibt kein Raum mehr für menschliche Entscheidungen, geschweige denn Korrekturen. Der Krieg in Europa wird ein mit rasender Geschwindigkeit ablaufender automatischer Krieg sein. Der moderne Militärapparat funktioniert nur, wenn Militärs und Politiker nach dem Startschuß die Kontrolle aufgeben und nicht weiter in ihn eingreifen. Grausiger Gedanke.

Den Nachrichten heute mittag war zu entnehmen, daß die Angst die ganze Welt erfaßt hat. Demonstrationen und Proteste in allen europäischen Ländern, auch im Ostblock. In Oslo wurde der Storting gestürmt. Es wird kaum noch gearbeitet. In Polen und Ungarn gehen die Milizen mit äußerster Brutalität gegen streikende Arbeiter vor. In Krakau wurde eine Demonstration von Frauen und Müttern zusammengeprügelt. Europa befindet sich faktisch im Generalstreik. Die Angst stiftet globale Solidarität. Die europäischen Völker wollen keinen Krieg. Das ist unsere

Hoffnung, das müssen auch die Verantwortlichen begreifen.

Denkbar freilich auch, daß der weltweite Massenprotest sie veranlaßt, die Kriegsmaschine schon eher anzuwerfen, ehe ihnen die eigenen Völker in den Arm fallen. Einmal in Gang gesetzt, sind die Völker ihr gegenüber ohnmächtig. Die Verantwortlichen beider Seiten müssen jetzt nicht nur dem Gegner, sondern auch ihren Völkern zuvorkommen. Einsatz gegen das eigene Volk.

Der Regierungssprecher in Bonn versicherte, die Amerikaner hätten die 250 Pershing-II-Raketen und die 800 Cruise Missiles in Europa „noch" nicht gefechtsbereit gemacht. Eine solche Maßnahme würde nur in engster Abstimmung mit den verbündeten Regierungen vorgenommen. Niemand glaubt ihm. Werden ihm die Sowjets glauben? Die Amerikaner werden nach eigenem Gutdünken entscheiden, die NATO wird nichts zu melden haben, geschweige denn die Führung der Bundeswehr.

Das Gespenst der Katastrophe ist überall. Jeden Abend schleppe ich meine Angst in die eigenen vier Wände mit. Wenn es mir doch gelänge, nicht mehr das Kommende immer wieder vorwegnehmend zu durchleiden. Es ist, als hätte man eine tödliche Krankheit im Leibe. Die Gegenwart Tinas, ihre Wärme und Lebendigkeit, mildert die Gewalttätigkeit dieser Angst, jetzt ist unser Schicksal untrennbar verknüpft.

31. Juli, Samstag, 12 Uhr

Die Leute sind verärgert und empört. Schecks werden offenbar häufig zurückgewiesen und nur angenommen, wenn der Kunde bekannt ist. Dennoch ist die Wiesbadener Innenstadt voller Hektik. Hamsterkäufe. Aber auch deprimierende Szenen voller Aggressivität.

Zwischen den gehetzten Passanten kleine Demonstrationsgruppen mit Transparenten. Die ersten Katastrophenprediger und Weltuntergangspropheten treten auf. Ihnen fehlt aber plötzlich die gewisse Magie und Skurrilität. Katastrophenprophetie ist wahrhaftig keine Kunst mehr.

Die Ordnungskräfte halten sich zurück. Wenn es gelingt, die Menschen so zu vereinzeln und zu verunsichern, daß jeder nur noch an sich und sein Überleben denkt, sind die Massen wieder in den Griff zu bekommen. Die Angst muß bewirken, daß sich jeder wie eine Schnecke in sein Haus zurückzieht. Massenbewußtsein muß verhindert werden. Das ist offensichtlich die Strategie der Politik. Der Überlebenswille soll stärker werden als der Lebenswille.

31. Juli, abends

Trotz des Samstags Arbeit in der Redaktion. Sonderausgabe und Sonntagszeitung. Die Leute reißen den Verkäufern die Zeitungen aus den Händen. Sie suchen nach einem Quentchen Hoffnung in den Nachrichten und Kommentaren. Wir müssen sie enttäuschen: steigende Spannung, wachsende Kriegsgefahr. Keine Seite gibt nach. Wir berichten, daß alle Regierungen Angst vor einer Ausweitung des Konflikts haben.

Der französische Staatspräsident ist der Ansicht, daß es in Europa keinen rationalen Kriegsgrund gebe. Aber wie den Lesern klarmachen, daß die Kriegsursache darin liegt, daß die atomare Drohung und Bedrohung ihre abschreckende Wirkung verloren hat und somit ein Kriegsgrund vorhanden ist?

Am Nachmittag atemlose Anrufe unserer Korrespondenten: in der Gegend zwischen Heilbronn, Schwäbisch Gmünd und Ulm sind mehrere Landstraßen für den allgemeinen Verkehr gesperrt worden. US-Soldaten und Bundeswehr weisen jeden PKW ab. Nur noch die großen Landstraßen sind frei. Auskünfte werden nicht gegeben, außer der, daß die Maßnahmen befristet sind.

Die Sachlage ist sofort klar: Die Amerikaner haben die Atomraketen einsatzbereit gemacht. Seit heute werden die Pershings gefechtsklar auf festgelegten Routen hin und hergefahren, um auf Befehl möglichst rasch von den vorhergesehenen Abschußplätzen abgefeuert zu werden. Der Regierungssprecher hat also entweder die Unwahrheit gesagt oder er war selbst nicht informiert.

Um herauszufinden, ob auch die Marschflugkörper in der Eifel einsatzbereit gemacht worden sind, rufen wir einfach Bewohner in Brandscheid und Neuerburg an. Umgehende Bestätigung: Ganze Straßenabschnitte sind gesperrt und damit ganze Gebiete.

Wieder ein Schock. Der wievielte in diesen Tagen? Das Unausdenkbare, die bislang eher diffus-abstrakte Vorstellung des Bedrohtseins und der Lebensgefahr wird nun schlagartig ganz konkret und vorstellbar. Charly Lang fragt mit tonloser Stimme: „Ob die Russen das auch wissen?" Die Angst drückt einem die Luft ab. Spätestens jetzt werden auch drüben die Raketen gefechtsbereit gemacht.

Die Kreml-Führung und die sowjetischen Generäle werden es niemals zulassen, daß auch nur eine Pershing oder auch nur eine Cruise Missile Ziele in der Sowjetunion trifft. So zu versagen, könnte sich die Führung nicht leisten, zumal sie über die Mittel verfügt, diese Bedrohung auszuschalten. Wenn die Sowjets zu der Überzeugung kommen sollten, daß die Amerikaner ernst machen, werden sie zuschlagen, als erste, vorbeugend und flächendeckend. Aus ihrer Sicht bleibt faktisch keine andere Wahl. Es genügte ja, wenn nur eine Seite glaubt, keine Wahl mehr zu haben, sondern unter Sachzwang zu handeln.

Zweifel an der Absicht der Amerikaner können sie nicht haben. Die Enthauptung ist ihnen jahrelang angedroht worden. Die Pershings und Cruise Missiles sollen das Fallbeil sein. Aber der Gegenschlag trifft nicht den Henker, sondern seinen Helfer, der das Beil trägt. Uns.

Welch eine aberwitzige, in ihrer Borniertheit schon kriminelle Strategie der deutschen Regierungen, zuzulassen, daß ein übermächtiger Gegner zum Erstschlag herausgefordert wird.

Redaktionskonferenz. Die Mehrheit ist erneut und mit größter Entschiedenheit für den Aufruf zum Widerstand: Jetzt sei kollektive Verweigerung, eine Absage an die Katastrophenstrategie die einzige Chance. Die zu erwartende Reaktion der Regierung darf uns an dieser Pflicht nicht hindern. Vielleicht können wir ein Signal geben. Wir wissen, daß in anderen Redaktionen, auch in den Funkhäusern und Fernsehanstalten, die Stimmung und die Entschlossenheit ähnlich sind.

Die gefechtsbereiten amerikanischen Raketen ziehen den sowjetischen Schlag wie ein Blitzableiter auf uns, wobei es keine Rolle spielt, ob es ein Erstschlag oder ein Vergeltungsschlag sein wird. Auf jeden Fall ist die Bundesrepublik nunmehr wehrlose Zielscheibe. Die USA haben kein Recht, den bewaffneten Konflikt mit den Sowjets auf Europa auszudehnen. Das Risiko für Europa ist nicht mehr akzeptabel. Jeder, der die winzigste Möglichkeit hat, diesem Automatismus entgegenzuwirken, hat die Pflicht zum Widerstand.

Die Sowjets haben Angst vor den Pershings. Aber diese Angst wird sie nicht lähmen, sondern im Gegenteil zu rücksichtslosen Aktionen motivieren. Es ist Schwachsinn, anzunehmen, die Sowjets würden sich an das Drehbuch halten, das die NATO sich ausgedacht hat. Es wird keinen konventionellen Angriff geben, statt dessen einen atomaren Erstschlag. Alles andere ist Wunschdenken, Illusionen.

Wenn es dagegen gelänge, die Bevölkerung zum Widerstand aufzurufen ...

Wie denn der Widerstand aussehen solle, wird gefragt.

Ja, wie? Demonstrationen, Appelle? Warnungen? Blockaden? Generalstreik? Die große Verweigerung?

Die trockenen Fragen demonstrieren unsere Ohnmacht überdeutlich.

Jawohl: Generalstreik, Blockaden. Widerstand mag utopisch sein, aber das drohende Inferno ist es nicht mehr. Es ist real. Die Bevölkerung muß zu Hunderttausenden die Zufahrtstraßen zur „Ostfront“ besetzen, so daß es für die Truppen kein Durchkommen gibt, sie muß die Abschußstellungen der Pershing-Batterien überfluten, so daß sie nicht gestartet werden können. Auch die Menschen in der Sowjetunion haben Angst, in der DDR, in der Tschechoslowakei, in Ungarn und Polen; mit großer Wahrscheinlichkeit warten sie auf ein Signal, das sie zu ähnlichen Aktionen mitreißt. Schließlich wissen auch die Völker drüben, daß sie sich militärisch nicht verteidigen können. Die Nationale Volksarmee ist jetzt ebenso sinnlos geworden wie die Bundeswehr. Widerstand ist Pflicht und moralische Verantwortung. Vor allem aber die letzte Chance, vielleicht sogar nur noch ein ethisches Prinzip. Die Abschreckung hat versagt.

Es kommt wieder zu keiner Entscheidung, kein Aufruf zum Widerstand, aber kritische Distanz zur Sicherheitspolitik. Das ist zu wenig. Wir werden unsere Pflicht tun bis zuletzt. Aber welche Pflicht? Während die einen die letzte Chance dahinschwinden sehen, klammern sich die anderen an die letzten Strohhalme.

Die Pershings und Cruise Missiles, die jetzt gefechtsbereit auf der Schwäbischen Alb und in der Eifel stünden, seien strategische Waffen, argumentieren die anderen Redaktionskollegen, wie um sich selbst zu überzeugen. Die Amerikaner seien sich darüber im klaren, daß sie den strategischen Krieg eröffneten, wenn sie sie abfeuerten. Die Sowjets wüßten dies auch. So hirnverbrannt sei die Regierung in Washington nun auch wieder nicht, daß sie alle anderen militärischen und abschreckungspolitischen Optionen, die ihr unterhalb der strategischen Schwelle noch zur Verfügung stünden, aufgebe und gleich den strategischen Krieg androhe, damit den eigenen Selbstmord. Die Sowjets könnten damit rechnen, daß die Regierung der Vereinigten Staaten nicht aus Selbstmördern bestehe. Das gelte auch umgekehrt.

Eine solche Argumentation ist nur möglich, wenn eine psychische Blockade die Wahrnehmung der tatsächlichen Gefahr verhindert. Manche Tiere verhalten sich so. In tödlicher, auswegloser Gefahr beginnen sie sich zu putzen oder Sprünge zu vollführen, die wie ein Freudentanz aussehen.

Wir gehen auseinander im Gefühl von Gottbefohlenen.

Die technische Entwicklung hat nach Max Born das sittliche Vermögen des Menschen überrumpelt, das intellektuelle und organisatorische, meinte Einstein. Schon seit Jahren kündigte sich an, daß alle Regierungsformen, Demokratien ebenso wie Diktaturen, überfordert sind, die Konsequenzen der Technik, die sich zu lebensbedrohenden Katastrophen ausgewachsen haben, zu bewältigen: Die vielfach irreversible Umweltzerstörung, die Unwirtlichkeit und Inhumanität moderner Gesellschaften, die hoffnungslose Situation der Massen in der Dritten Welt, die Totalität der Zerstörungswirkung moderner Nuklearwaffen. Alle diese Probleme haben irreversible Fakten geschaffen: Korrekturen wären ohnehin nur noch in begrenztem Umfang möglich.

Die destruktiven Fähigkeiten lassen sich nicht mehr aus der Welt schaffen, sie bleiben Fakten. Wissenschaft und Technik sind längst noch nicht an ihre Grenzen gestoßen. Ihre Möglichkeiten liegen im Bereich der Utopie. Ihnen angemessen wäre daher die konkrete soziale und gesellschaftliche Utopie. Eine solche Utopie wäre, politische Entscheidungsstrukturen zu entwickeln, die es erlauben, daß die Völker über die Probleme entscheiden, die sich aus der rasanten Entwicklung ergeben. Die repräsentative politische Entscheidungsfindung, sei es die demokratische oder die angemaßte ursurpatorische, ist an ihre Grenzen gestoßen und hat versagt. Hätten die Völker entscheiden können, der Rüstungswettlauf wäre nicht derart ins Uferlose explodiert. Könnten die Völker jetzt entscheiden, es gäbe keine militärische Konfrontation und nicht die brandheiße Gefahr der Menschheitsvernichtung. Völker wollen keinen Krieg. Ihre Repräsentanten auch nicht, aber sie sind überfordert, ihn zu verhindern. Die Technik diktiert ihnen die Sachzwänge.

Daher sollten wir jetzt der Bevölkerung sagen: Leute, nehmt euer Schicksal selbst in die Hand! Es gibt keine andere Chance, wenn ihr überleben wollt! Die Regierenden haben versagt! Es ist eine Sekunde vor Zwölf. Die ganze Menschheit steht am Abgrund. Die in Gang gesetzten Militärapparate wirken zusammen wie eine gigantische Weltuntergangsmaschine. Die Regierenden können sie nicht mehr stoppen, selbst wenn sie es noch wollten. Sie sind ihre Gefangenen. Nur noch die Völker können es. Jeder einzelne muß ein Sandkorn sein, das sich in das Getriebe dieser perfektionierten, automatisch funktionierenden Maschine wirft!

Andererseits: Ist kollektive Vernunft wirklich möglich?

31. Juli, Mitternacht

Spät abends der Weg zum Bahnhof. Frankfurt war wie ausgestorben. Die Kaiserstraße wie nach einer Großrazzia: Keine Dirnen, keine Zuhälter, keine „Kunden“, keine Neugierigen, keine Ausländer. Die sonst flakkernden Leuchtreklamen der Peepshows, Cabarets und Kinos erloschen. Ein Omen? Ich vermißte plötzlich die anrüchige, halbseidene, ordinäre und teilweise brutale — aber doch lebendige — Atmosphäre. Hat die sogenannte Halbwelt eine feinere Witterung für Gefahren als der disziplinierte Normalbürger? Die Stadt schien zu warten und den Atem anzuhalten wie vor einem Tornado.

Die Gefahr ist unsichtbar, aber dennoch gegenwärtig. Sie sitzt zwar Tausende von Kilometern entfernt in betonierten Schächten oder auf gewaltigen Sattelschleppern, aber gegen sie gibt es keine Grenzen, keine Mauern, keine Abwehr und keinen Schutz. Sie ist da wie die Luft. Ich versuche mir vorzustellen, daß alle Menschen eine am Genick montierte Pistole tragen, die auf ein Kommando abgefeuert werden könnte, oder jeder, vom Säugling bis zum Greis, mit einem Strick um den Hals herumläuft, der ihn auf Kommando hochzieht.

Früher konnte man die Gefahr sehen, sich auf sie einstellen, ihr begegnen oder vor ihr flüchten. Sie erschien in Gestalt heranmarschierender feindlicher Truppen. Im Mittelalter hätte jetzt in vergleichbarer Situation in Frankfurt hektische, aber planvolle Tätigkeit geherrscht. Die Stadt hätte sich auf eine Belagerung eingestellt und ihre Verteidigung organisiert. Man hätte die Zeughäuser geöffnet und Waffen verteilt, die Wehrgänge besetzt, die Lebensmittelspeicher gefüllt, Vieh von draußen hereingetrieben. Die Stadt hätte sich gewappnet und alle Bürger hätten mitgemacht, denn jeder hatte einen wichtigen Beitrag zu leisten — selbst die Gaukler, die die Stimmung hoben, indem sie den Feind verulkten. Wehrbereitschaft und Wehrwillen hatten einen Sinn, daher auch Tapferkeit und Mut. Die Verteidiger wußten, wofür sie ihr Leben opfern sollten. Sie hatten eine reale Chance. Die

Angst lähmte nicht, sondern beflügelte zu äußerster Anstrengung.

Und sollte die Kraft nicht reichen und die Stadt fallen, so konnte man immer noch an die Großmut des Siegers appellieren. Selbst wenn er die Stadt würde brandschatzen lassen, man würde sie wieder aufbauen können. Wie grausam der Sieger auch wüten mochte, welche Schrecken auch zu erdulden wären, viele, ja, die meisten Bewohner würden überleben.

Jetzt liegt die Stadt hilflos und wehrlos da. Ein leichtes, ein großes Ziel. Nur eine Markierung. Der Feind ist weder großmütig noch grausam, er ist nicht zu sehen, er besteht aus einer Handvoll älterer Herren, die Angst haben, und aus einigen Militärs, die die Kontrolle verloren haben, und aus einigen coolen Raketenspezialisten, die den Startschlüssel von Raketen umdrehen.

Dieser Feind wird nach den Gesetzen und Sachzwängen handeln, die ihm die modernen Waffen aufzwingen. Wenn die Computer nach der vorprogrammierten Zielliste und nach dem erreichten Eskalationsniveau den Einsatz einer Atomrakete gegen Frankfurt anordnen, wird diese Anordnung als technische Maßname vollzogen, ziemlich leidenschaftslos und gefühlsneutral. Es ist ein technisches Problem und eins der militärischen Effizienz. Das Inferno, das dann in Sekundenschnelle über die Stadt hereinbricht, buchstäblich aus heiterem Himmel, werden die Militärtechniker in der sowjetischen Operationszentrale in der Weise zur Kenntnis nehmen, daß an der Stelle auf der elektronischen Landkarte, an der das lebendige Frankfurt bisher als rotes Lämpchen blinkte, nunmehr ein konstant grünes Licht erscheint. Die Zielpunktmarkierung hat sich verändert, nichts weiter.

Der moderne Nuklearkrieg erlaubt nicht einmal mehr, den Gegner um die Schonung des Lebens anzuflehen. Die Mütter würden ihm ihre Kinder vergeblich entgegenstrecken. Die Computer haben — wie noch der grausamste Eroberer — kein Herz.

Ich bin voller Haß, den das totale Ohnmachtsgefühl nur noch verstärkt, die Idiotie, diese bornierte Einsichtslosigkeit, diese Gefühlskälte, diese biedermännische Bereitschaft, ein planetarisches Verbrechen zu begehen, das in wenigen Stunden alle Verbrechen der Menschheitsgeschichte hunderttausendfach überträfe.

Zum ersten Mal Schlaftabletten genommen. Auch, um diese Alpträume fernzuhalten.

1. August, mittags

Life-Reportagen aus überfüllten Kirchen in Rundfunk und Fernsehen. Den Sinn des Daseins sucht man in den Gotteshäusern. Rückkehr zu Gott, zur Vorstellung eines gütigen Vaters, ohne dessen Willen keine Gewehrkugel und keine Rakete abgefeuert wird. Naiv, aber möglicherweise tröstend. Lebenshilfe oder Sterbehilfe?

Ich habe den Verdacht, daß die Gottesdienste nach der „positiven" Gesinnung der Prediger ausgewählt worden sind. In der ARD predigt der evangelische Militärbischof, im ZDF, welch ein Kontrast, der katholische. Sie mahnen, Vertrauen in die Regierenden zu haben, über die Gott seine Hand halte. Es gehe in dieser schweren Stunde um Freiheit und Menschenwürde. Gott bleibe der Herr der Geschichte. Nichts geschehe gegen seinen Willen, auch wenn der uns manchmal unbegreiflich erscheine. Das Gebet könne stärker sein als alle Gefahr, die von Menschen ausgehe. Der von Gott eingesetzten Obrigkeit müsse Gehorsam entgegengebracht werden. Jede Obrigkeit sei von Gott.

Hätten die beiden Geistlichen über diesen Satz etwas hinausgedacht, so hätten sie bemerkt, daß er auch für die sowjetische Obrigkeit gilt. Auch über ihr hält demnach Gott seine Hand. Nur leider sind die Obrigkeiten zerstritten. Da aber die Völker ihrer Obrigkeit Gehorsam schulden, bleiben auch sie zerstritten und werden zu Feinden, obwohl sie gar keine Feinde sein wollen.

Nach Heinrich Heine das alte Eiapopeia vom Himmel, mit dem man einlullt das Volk, den großen Lümmel.

Der Pfarrer des kleinen Taunusrodt dagegen nennt die jetzige Konfrontationspolitik, die das Risiko, eine Apokalypse biblischen Ausmaßes auszulösen, bewußt hinnehme, ein Verbrechen. Christen seien jetzt aufgerufen, Gott mehr zu gehorchen als den Menschen. Die Regierenden seien auf dem Irrweg, der von Gott und den Menschen wegführe. Christen müßten sich jetzt verweigern, denn Christus sei am Kreuz für das Leben gestorben und nicht für den Tod. Weigand war schon immer ein mutiger Mensch, aktiv in der Friedensbewegung. Deshalb sitzt er auch in diesem kleinen Nest.

Nachbar Thönnessen beginnt eine tiefe Grube auf seinem Gartengrundstück auszuheben, drei Meter lang, zwei Meter breit, zwei Meter tief. Es soll ein Notbunker werden, sagt er schwitzend. Er habe in einer Broschüre der Deutschen Selbstschutz-Gesellschaft gelesen, daß solche Bunker bei Atomangriffen sehr wirkungsvoll seien, wenn ordentlich Erde draufkomme. Wenigsten werde man nicht von seinen eigenen vier Wänden erschlagen. Seine beiden Söhne scheinen das Ganze für Quatsch zu halten, sie buddeln ziemlich mißmutig.

Mittagessen mit Tina auf der Terrasse. Ein warmer, blauer Tag. Die Sonne steht weiß über der Platte, ihr flimmerndes Licht fällt über den Wald. Die Birken zittern, obwohl sich kein Lüftchen regt. Stille, sommerliche Siesta. Tief durchatmen, die Seele baumeln lassen, die fiebernden Nerven kühlen. Nur in der Ferne, hinter dem Dorf, wo sich die gelben Felder ausbreiten, tuckert ein Mähdrescher.

Dennoch große innere Unruhe auch bei Tina. Wegen der Demonstration heute nachmittag? Mir schwant nichts Gutes. Ich werde zum Erbenheimer Hubschrauber-Flugplatz fahren.

1. August, abends

Das ist Bürgerkrieg. Krieg gegen die Bürger! Terror, unter Mitbeteiligung der Besatzungsmacht. Der Staat macht gegen die eigenen Bürger mobil, mit barbarischer Rücksichtslosigkeit. Der Versuch von 25000 Wiesbadenern, vor dem Erbenheimer Flugplatz zu demonstrieren, wurde zusammengeschossen. Die deutsche Polizei versuchte den Demonstrationszug aufzuhalten und sperrte die Straßen, aber die Menge lief über die Wiesen und Felder.

Tausende kamen von Mainz-Kastel. 100 Meter vor dem Gitterzaun fielen die ersten Schüsse. Mindestens drei Kompanien amerikanischer Soldaten standen rings um das Gelände und feuerten mit automatischen Gewehren in die Menge, unentwegt. Ich dachte, die lassen keinen am Leben. Ehe die nachdrängenden, fassungslosen Massen begriffen, waren fünf Hubschrauber über ihnen und feuerten ebenfalls. Die Getroffenen wurden von den Geschossen um die eigene Achse gerissen, ehe sie zu Boden stürzten. Der Maschenzaun flatterte im Kugelhagel, pfeifend fetzten die Querschläger in die Leiber. Nach einer Minute war der Spuk vorbei, aber die zurückhetzenden Massen liefen der deutschen Polizei in die Gewehre und vor die Knüppel.

89 Tote, über 400 Verletzte, von denen viele nicht überleben werden.

Auch die Demonstration vor dem Frankfurter Flughafen wurde zusammengeschossen, ebenso die in Ramstein, Bitburg, Nörvenich, Jever, Mutlangen. Eine Bilanz der Opfer ist nicht möglich. Funk und Fernsehen rufen dringend zu Blutspenden auf.

Der Bundeskanzler spricht von einer Tragödie. Er sei persönlich sehr erschüttert, aber die deutschen Sicherheitsorgane und die amerikanischen Freunde hätten keine andere Wahl gehabt. Schließlich seien die Demonstrationen verboten gewesen.

Es hätten Beweise vorgelegen, daß die Militäranlagen regelrecht gestürmt werden sollten. Die Menge sei von kommunistischen Aufwieglern und geschulten Saboteuren gesteuert worden, um ein Chaos zu verursachen, damit wir zur leichten Beute des Feindes würden. Dies könne und werde nicht hingenommen werden. Der Bundesinnenminister habe erst am Freitag aus gegebenem Anlaß gewarnt, daß im Wiederholungsfalle ohne Warnung scharf geschossen werde. Die Verteidigungsfähigkeit müsse unter allen Umständen aufrechterhalten werden.

Von Entsetzen und ohnmächtiger Wut stundenlang geschüttelt – wie im Fieber. Unfähig zu sprechen, ein fürchterlicher Druck, zu schreien. Jetzt Vergeltung üben zu können! Diese grauenhaften Szenen, die kalte Brutalität. Die hilflosen Gesten der von den Geschossen Umgerissenen. Einige vollführten regelrecht Luftsprünge, wie Hasen bei der Treibjagd.

Ein älterer Mann neben mir begann plötzlich nach vorwärts zu taumeln, als sei er gestolpert. Ein Querschläger hatte ihm den Kopf halb abgerissen, das Blut spritzte aus ihm heraus, er aber taumelte weiter.

Wenn die Regierung an kommunistische Saboteure glaubt, so ist das Zwecklüge, Rechtfertigung jeder Scheußlichkeit. Oder Verfolgungswahn! Die Menschen leiden Todesangst. Sie wollen nicht in einem Atomkrieg verrecken. Das ist das „Geheimnis" der Demonstrationen und des Widerstands.

Ankündigung des Kanzlers, daß am Dienstag die Notstandsgesetze in vollem Umfang in Kraft gesetzt würden. Der Notstand werde in der gesetzlich vorgesehenen Weise festgestellt.

Ab morgen *darf* die Bundeswehr auf uns schießen.

1. August, Mitternacht

Ab morgen wird nichts mehr so sein wie bisher. Das Vertrauen der Bevölkerung zur Staatsmacht ist endgültig dahin. Ein Aufschrei der Empörung wird und muß folgen. Der Widerstand wird sich verstärken. Die Opfer sind nicht umsonst, wenn sie das drohende atomare Inferno abwenden können. Das Blut darf nicht vergeblich geflossen sein. Niemals in der Geschichte sind Menschen für eine gerechtere Sache gestorben: für die Fortexistenz der Menschheit. Wie kann man die Totalität der Dimensionen und Perspektiven, die die atomare Bedrohung geschaffen hat, begreifen? Für die Weiterexistenz der Menschheit sterben! Die Worte versagen.

Die Nerven fiebern. Schüttelfrost, Übelkeit. Ich halte mich an Tina fest. Sie bräuchte selbst Halt.

Mechanisch notiere ich, daß die Sowjets in Iran und Pakistan einmarschieren. Japan hat mobilgemacht. Die Seestreitkräfte der NATO riegeln die Ausgänge der Ostsee und des Nördlichen Eismeeres ab. Big Lift, die Luftbrücke von den USA nach Europa, ist in vollem Umfang angelaufen.

Der Erdball brennt an allen Ecken und Enden. Sie

wollen mit Benzin löschen, wie die Feuerwehr von Altona.

2. August, mittags

Der gestrige Blutsonntag erscheint wie ein Alptraum, aber die Geschwindigkeit, mit der sich die Ereignisse überstürzen, beraubt ihn seiner möglichen Konsequenzen. Die Gegenwart lähmt, läßt nicht zu Atem kommen, ist ein gewalttätiger, langanhaltender Schrecken. Was gestern war, ist unwichtig. Die Zukunft schrumpft zusammen, wird schemenhaft und dunkel.

Die 1016 Demonstranten, die gestern vor 36 Militäreinrichtungen in der Bundesrepublik für den Frieden gefallen sind, haben das Opfer umsonst gebracht. Man erinnert sich ihrer heute kaum noch. Jeder ist mit sich selbst beschäftigt. Einige halbherzige Kommentare heute morgen in Presse und Rundfunk, die meisten mit viel Verständnis für das Vorgehen der Amerikaner und der Polizei. Hart, aber angesichts der Bedrohung aus dem Osten korrekt, Verteidigungsfähigkeit muß gewahrt werden usw. Es blieb nichts anderes übrig, leider. Jeder Demonstrant hätte ja das Risiko kennen müssen, er sei ja vorgewarnt gewesen. Journalistische Feigheit. 36 Lokalereignisse.

Die Gastarbeiter drängen jetzt verängstigt und wie auf Kommando nach Hause, diesmal freiwillig. Der große Exodus vom „unsinkbaren Flugzeugträger Bundesrepublik" beginnt. Chaos in den Städten, auf den Flughäfen und auf den Straßen. Ich brauchte vier Stunden, um nach Frankfurt zu kommen. Die Züge hielten teilweise mehrere hundert Meter vor dem Bahnhofsgebäude, blieben stecken. Die Gastarbeiter hatten offenbar nicht mitbekommen, daß Rhein-Main für den zivilen Flugverkehr gesperrt ist. Dort landen und starten pausenlos amerikanische Militärtransporter. Der Bau der Startbahn West kann jetzt als genial vorausschauende Maßnahme gewürdigt werden.

Verzweifelte Bahnbeamte, schreiende Kinder, fluchende Erwachsene, Berge von Gepäck. Verbitterte und teilweise aggressive Beschimpfung durch die Deutschen. Man nimmt es den Ausländern jetzt auf einmal übel, daß sie abhauen, und obendrein freiwillig. Das erscheint wie Fahnenflucht und Undank. Wir kommen uns alleingelassen vor.

Aber ich würde mich jetzt auf Sizilien oder in Andalusien auch etwas wohler fühlen.

Die Bundesregierung hat eine Luftbrücke von Stuttgart, Nürnberg, Düsseldorf, Köln, Hannover und Hamburg aus nach Spanien, Portugal und Italien eingerichtet. Außerdem wurden 400 Sonderzüge bereitgestellt. Nur die Türkei weigert sich, ihre Bürger aufzunehmen. Am kommenden Mittwoch sollen die Autobahnen für die abreisenden Ausländer freigehalten werden. Die Bundesregierung hat es auch jetzt eilig, die Gastarbeiter loszuwerden.

Ein Mosaiksteinchen fügt sich ans andere. Unaufhaltsam rundet sich das Bild ab: ein schwarzes Nichts.

In der B-Ebene unter der Hauptwache spielte der bärtige, glatzköpfige Geiger, der hier seit Jahren seine virtuosen Auftritte zu geben pflegt, Bach und Beethoven. Die Begleitung schepperte wie gewohnt aus einem Kassettenrecorder. Als sei nichts geschehen. Mich hat das sehr berührt. Das hektische Ambiente vor den S- und U-Bahn-Schächten, die Menschenmassen verschluckten und ausspieen, verlieh seinem Spiel etwas Unwirkliches. Er spielte, als gingen ihn die Ereignisse dort oben nichts an. Jugendliche hockten im Halbkreis um ihn herum, rauchend und trinkend. Wie sehr doch die Musik zum Leben gehört.

2. August, abends

Mit den Gastarbeitern beginnen sich auch die oberen Zehntausend abzusetzen. Ziel der Privatjets vorwiegend Nordafrika, aber auch die Schweizer und Franzosen drücken merkwürdigerweise beide Augen zu und lassen die reichen Deutschen ins Land einfliegen, während PKW-Flüchtige an den Grenzen abgewiesen werden. Pikant, aber wen wundert's: Auch die Crème der Großverleger sucht vorsichtshalber das Weite, während ihre Blätter die Bevölkerung zu tapferem Ausharren animieren.

Was uns besonders empört (aber wieder diese Ohnmacht des Zorns): Selbst vom gesperrten Rhein-Main-Flughafen konnten mehrere Privatmaschinen starten. Bestechung oder eine geheime Erlaubnis der Regierung? Andererseits ist es ja vordringlich, daß wir nach einem möglichen Inferno eine „auf Anhieb funktionstüchtige Elite“ haben.

Titel des Leitartikels: „Die Ratten verlassen das sinkende Schiff“. Die Ratten – die übrigens eine sehr feine Witterung haben – wird's wenig kümmern, und „danach“ sieht sowieso alles anders aus.

An der Börse der totale Zusammenbruch. Deutsche Aktien sind für Schleuderbeträge zu kaufen, für ein paar tausend Mark ganze Fabriken. Außer ein paar wirklichkeitsfremden Optimisten – oder Leuten mit schwarzem Humor – wollte sie niemand haben. Beschließe, morgen Aktien zu kaufen. Beschließe, Kriegsgewinnler zu werden.

An den Grenzübergängen zur Schweiz und nach Frankreich kam es zu regelrechten Schlachten zwischen flüchtenden Deutschen und der Polizei. Die Schweizer und französischen Sicherheitsorgane machten von der Schußwaffe Gebrauch. Mit Hubschraubern, die auch für den Nachteinsatz tauglich sind, wird Jagd auf Deutsche gemacht, die illegal die Grenzen überschritten haben. Dabei hat die NATO offiziell noch gar nicht mobil gemacht und der Spannungsfall ist noch nicht ausgerufen. Europäische Solidarität!

Ob die Sowjets flüchtende Menschen aus den Bruderstaaten, aus Polen oder der CSSR, ebenfalls mit Waffengewalt zurücktreiben?

Aus Osthessen melden unsere Lokalreporter hektische Aktivitäten vor den Munitionsdepots der Amerikaner und der Bundeswehr. Auch die Depots, in denen die taktischen Atomwaffen lagern, sind offenbar geräumt worden. Es kann losgehen! Niemand weiß mehr, ob die Sowjets oder die Amerikaner den jeweils nächsten Step auf der Eskalationsleiter tun, wer vorne ist und wer nachklettert.

Was können wir Journalisten jetzt noch sinnvollerweise tun? Was nutzen Informationen? Bieten die täglich präsentierten, sich steigernden Katastrophennachrichten dem Leser eine Orientierungshilfe? Wozu? Wofür? Bewirken sie, daß der einzelne mit sich ins reine kommen oder gar seinen Frieden mit dem Himmel machen kann?

Nicht die Spur. Letztlich verbreiten wir Desinformation, Angst und Ohnmachtsgefühle. Davon haben die Leser bereits zur Genüge. Welchen Zweck hat es, einem Verurteilten täglich mitzuteilen, daß die Vorbereitungen für seine Hinrichtung voranschreiten? Da wir weiterhin, nach dem falschen, aber traditionellen Schema, das längst zum Ritual geworden ist, Politiker als verantwortliche Akteure darstellen (und in Kommentaren an ihr Verantwortungsbewußtsein und ihre Handlungsfreiheit appellieren), läßt sich in der jetzigen Situation erst recht kein Sinn ausmachen, außer dem, daß entweder Schwachsinnige oder Kriminelle am Werk sind. Oder dem, daß der Endzweck der Geschichte in der Auslöschung der menschliche Kultur besteht.

Andere Zeitungen sowie Funk und Fernsehen versuchen, Zuversicht und Hoffnung zu verbreiten. Die Panikreaktionen und die verzweifelten Demonstrationen der letzten Tage zeigen aber, daß die Menschen die Hoffnung aufzugeben beginnen. Die Eskalation des Konflikts zwischen den beiden Supermächten scheint nicht zu stoppen zu sein, seit Tagen kein Indiz mehr für ein Abbremsen der Fahrt in den Abgrund. Am Ende aber steht der gemeinsame, globale Untergang. Gibt es da noch Hoffnung?

Wir Journalisten sind letztlich deshalb überfordert, weil den Politikern die Entwicklung der Krise offensichtlich außer Kontrolle geraten ist. Sie läuft ab nach längst vorbereiteten Optionen, also automatisch. Dies aber übersteigt unsere Erfahrungen. Die Presse hat es versäumt, in die Vorbereitung und Entwicklung dieser Optionen einzugreifen, um eine öffentliche Debatte über sie herbeizuführen. Wir haben die Voraussetzungen dieser Sicherheitspolitik nicht geprüft, ihre Widersprüche und Ausweglosigkeiten nicht erkannt.

Wir haben uns die Denkmuster der Militärs und Politiker aufzwingen lassen. Abschreckung, Verteidigung, Schutz, Überlegenheit, Gleichgewicht, Sieg, Niederlage – Begriffe, die im Zeitalter der Nuklearwaffen sinnlos geworden sind –, haben wir ebenfalls so zurechtinterpretiert, bis sie einen Sinn ergaben, aber mit der atomaren Wirklichkeit nicht mehr übereinstimmten. Wir haben es, wie schon Nietzsche klagte, „an Zeit zum Nachdenken über die Natur des Menschen fehlen“ lassen.

Wir haben versagt, aber immer so getan, als wüßten wir es besser. Jetzt können wir auch nur auf die laufende Doomesday-Maschine starren wie das Karnickel auf die Schlange.

Was hält mich noch an meinem Schreibtisch? Warum formuliere ich Nachrichten, die letztlich nur besagen können, daß das Leben hier demnächst nicht mehr existieren wird? Warum gebe ich mich dazu her, ein möglichst getreues Abbild der heraufziehenden Apokalypse weiterzuvermitteln? Meine Arbeit ist sinnlos geworden. Sie hält mich nur ab, Antworten auf meine eigenen existentiellen Fragen zu versuchen. Sich auf das Unabänderliche vorzubereiten und es anzunehmen, ist wohl die letzte Möglichkeit, seine Würde zu bewahren.

Sind wir in dieser jahrtausendelangen Kette tatsächlich die letzte Generation? Der Gedanke ist so phantastisch und gleichzeitig so grausig, daß ich nicht wage, ihn weiterzudenken. Ich befinde mich vorerst noch in der Situation des Affen in Kafkas „Bericht an eine Akademie“: Ich suche nicht nach Freiheit, sondern nach einem Ausweg.

2. August, Mitternacht

Im Rundfunk seit 20 Uhr der stündlich wiederholte Aufruf an die letzten sechs Bundeswehrjahrgänge, sich bei ihren zuständigen Stellen zu melden. Die Wehrpflichtigen werden einberufen, der Spannungsfall ist da. Morgen treten die Notstandsgesetze in Kraft. Das Parlament wird bis auf einen Alibi-Rest nachhause geschickt. Rationierungen, Beschränkungen, Organisation, als stünde ein langanhaltender Krieg an fernen Grenzen bevor. Das Schema stammt aus den 50er Jahren, seither ist es der nuklearen Wirklichkeit nicht angepaßt worden. Organisatorischer Selbstläufer, der sich 40 Jahre lang fortschrieb und sich selbst überlebte. Bin überzeugt, die „Verantwortlichen" sehen darin einen Sinn und glauben an die Notwendigkeit dieser Maßnahmen. Eine der Ursachen für die groteske Selbsttäuschung. Auch die Ärzte und das Krankenhauspersonal sind aufgefordert, sich nach dem Gesundheitssicherstellungsgesetz zu melden und registrieren zu lassen.

Der Bundesinnenminister teilt mit, die Bundesregierung sähe sich zusammen mit den Verbündeten zu diesen Vorbeugemaßnahmen gezwungen, nachdem im Osten die Kriegsvorbereitungen ungehemmt angelaufen seien. Diese Maßnahmen sollten dem Gegner gleichzeitig klarmachen, daß er auf die entschlossene Wehrbereitschaft des Westens stoßen werde und ein unkalkulierbares Risiko eingehe, wenn er die Eskalation nicht stoppe.

Und was ist mit unserem Risiko? Wir drohen dem Gegner mit unserem Selbstmord. Außerordentlich wirkungsvoll! Im übrigen gehen die Sowjets längst nicht ein solches Risiko ein wie wir. Die Sowjets und die Amerikaner werden sich die Verwandlung Deutschlands in eine rauchende Atomwüste am Fernsehschirm anschauen können. In jedem Fall erst wir, dann eventuell sie. Aber wir werden sie mit unserer Vernichtung als warnendem Beispiel abschrecken!

Andreas rief an. Übermorgen wäre sein Zivilersatzdienst abgelaufen. Er will aber nicht kommen. Seine behinderten Alten seien jetzt ganz allein, niemand kümmere sich mehr um sie. Die Angehörigen seien größtenteils nicht mehr zu erreichen oder weigerten sich, Oma oder Opa aufzunehmen. Der Ersatzmann sei noch nicht da, drei Ärzte seien dienstverpflichtet, ein weiterer und drei Pfleger hätten sich gestern abgesetzt. Er müsse in Bielefeld bleiben, egal, was komme. Er sei aber in Gedanken bei uns.

Eigentlich hätten sie es ganz gemütlich, denn die debilen Alten seien mit ihrer Gelassenheit und Ruhe eine Aufmunterung, die meisten sogar lustig und fidel. Die resolute, stets nörgelnde, Selbstgespräche führende Frau Pauli kündige jede Stunde unter allgemeiner Zustimmung an, hinauszugehen und Ordnung zu schaffen, damit es mit dieser Verrücktheit ein Ende habe.

Morgen kommt Christine mit Ralf. Sie rief aus Lyon an. Auch in Frankreich nur beschwerliches Fortkommen. Verstopfte Straßen, zurückströmende Urlauber und an die Grenzen zur Bundesrepublik fahrende Militärkolonnen. Ich bin sehr glücklich, daß Christine kommt. Andererseits wüßte ich die beiden lieber in Südfrankreich.

Fühle mich willenlos und schlapp. Jetzt einschlafen und nicht mehr aufwachen müssen. Die Erfüllung eines solchen Wunsches wird vielleicht schon bald die größtmögliche Gnade sein. Man wird sie sich selbst gewähren müssen. Kuriose Vorstellung, daß Millionen von Menschen faktisch zu einer Person werden: dieselben Ängste, dieselben Hoffnungen, dieselben Wünsche. Mehr oder weniger dasselbe Ende.

3. August, nachmittags

Die Sowjets landen Truppen und schweres Gerät auf den Kurilen. Angeblich die „unausweichliche Antwort" auf die japanische Mobilmachung. Jeder ist überzeugt, nur zu antworten. Jeder trifft nur Verteidigungsmaßnahmen, jeder fühlt sich nur bedroht, jeder will letztlich nur den Frieden. Gemeinsam bewirken sie das finale Inferno. Nietzsches Hoffnung, es werde einmal „ein großer Tag kommen, an welchem ein Volk durch Kriege und Siege, durch die höchste Ausbildung der militärischen Ordnung und Intelligenz ausgezeichnet, ausruft: 'Wir zerbrechen das Schwert' ... Sich wehrlos machen, während man der Wehrhafteste war, aus einer Höhe der Empfindung heraus — das ist das Mittel zum wirklichen Frieden." Utopie. Lebenswichtige Utopie.

Schwere Luftkämpfe über dem Ochotskischen Meer. China verlegt sieben Millionen Mann an die Nordgrenzen — zusätzlich! Kuba ist so gut wie besetzt, aber die Kubaner leisten in den Städten und in den Bergen erbitterten Widerstand. Mexiko tritt aus Protest gegen das Verhalten der USA aus der Organisation Amerikanischer Staaten aus.

Die Bundesregierung, Vertreter des Bundestages, der Parteien und einiger anderer Spitzenbehörden bereiten ihren Umzug in den atombombensicheren Bunker in der Eifel vor. Auch dies nur eine vorbeugende Maßnahme, versicherte der Regierungssprecher. Man hoffe immer noch, daß die Gegenseite Vernunft annehmen werde.

Immer wird von der anderen Seite Vernunft erwartet. Wo ist die eigene? Beide Seiten tun dasselbe.

Vernunft im Rahmen des Abschreckungssystems bedeutet Schwäche, die andere Seite könnte sie als Kapitulation deuten. Der Klügere gibt nach — das ist hier nicht erlaubt. Jeder Psychotiker hält sich für die Personifizierung der Vernunft, der verfolgten Vernunft.

Was sind das für Menschen, die sich jetzt in den Atombunker zurückziehen? Eine längst vorbereitete und immer wieder geübte Maßnahme. Sind das Menschen, die Gefühle haben, andere Menschen lieben, der Zuneigung bedürfen? Diese Spitzenpolitiker, Spitzenparlamentarier und Spitzenbeamten haben jetzt Frau und Kind zurückgelassen, ohne zu wissen, ob sie sie jemals wiedersehen. Vorbildliches Beispiel, das erste Opfer zu bringen? Mir scheint es eher der seelenlose Vollzug eines Plans und einer einmal getroffenen Maßnahme zu sein. Die eigentlichen Opfer sind die Bunkerinsassen selbst. Und wir die ihren. Haben sie die Angst in den Augen ihrer Frauen und Kinder nicht wahrgenommen? Wenn sie überzeugt wären, daß noch Hoffnung bestünde, die Katastrophe abzuwenden, wären sie nicht in den Bunker gegangen. Voyeure des eigenen Untergangs und des ihrer Familien.

Wie wird dieses „Beispiel" auf diejenigen wirken, die keinen Bunker haben?

Bissiger Kommentar in der Zeitung. 1945 hatte ebenfalls ein letztes Aufgebot in einem Bunker auf bessere Zeiten gehofft. Umsonst.

3. August, abends

Christine und Ralf sind angekommen. Über der Freude des Wiedersehens lag schon Abschied.

Schlangen vor den Lebensmittelläden, aber auch vor anderen Geschäften. Man will gut durch die Katastrophe kommen. Vielleicht beruhigt der Kaufakt und der Anblick der zuhause gehorteten Waren. In Krisenzeiten früher waren ausreichende Vorräte schon das halbe Überleben.

Der Mensch kann nur nach tradierten Vorstellungs- und Erfahrungsmustern handeln. Die nukleare Realität entzieht sich der Vorstellung. Sie erzeugt nur diffuse Angst. Sie macht sogar instinktives Verhalten überflüssig. An Flucht ist nicht zu denken, an Schutz ebensowenig, an Gegenwehr auch nicht. Man kann nichts für die Kinder tun. Die Bereitschaft, andere mit dem Opfer des eigenen Lebens zu schützen, kann nicht in die Tat umgesetzt werden. Man kann nicht einmal trösten. Man kann sich nur ergeben, aufgeben. Andererseits wird die Bedrohung sinnlich immer noch als Abstraktum erfahren, vermittelt durch Lesen oder Hören der Nachrichten, Berichte, Kommentare. Man kann sie nicht sehen oder fühlen. Sie ist da, allgegenwärtig, aber sie könnte ja auch wieder verschwinden. Der Gedanke an Krieg und die Angst vor Krieg lösen im Unterbewußtsein wiederum herkömmliche Vorstellungen aus, diese wiederum herkömmliches, erfahrenes Verhalten. Dazu gehört die Anlage von Vorräten oder, wie bei Nachbar Thönnessen, das Ausheben eines Bunkers im Garten. Instinkt und Erfahrung verlangen durchzuhalten, das Überleben um jede nur mögliche Sekunde und Stunde, um jeden erreichbaren Tag hinauszuzögern und zu sichern.

Der Atomkrieg wegen seiner Totalität und seiner immanenten Gesetzlichkeit verlangt aber das Gegenteil: ein erfahrungs- und instinktwidriges Verhalten, alles tun, damit das Ende rasch und möglichst ohne große Schmerzen — auch ohne entsetzliche, nicht zu bewältigende Erlebnisse — kommt.

Da aber instinktwidriges Handeln nicht möglich ist, scheint in der Krise eine Art Normalität einzukehren. Die Menschen versuchen, so gut es geht, ihr Überleben zu organisieren. Die Medien bieten gute Ratschläge, Experten kommen zu Wort und geben Tips, Broschüren werden unters Volk gebracht. „Wie schütze ich mich vor Druck und Hitze?" — „Wie schütze ich mich vor Strahlung?" — „Wie entkontaminiere ich mich und meine Familie?" — „Was gehört zu einer gut sortierten Hausapotheke?“ — „Erste Hilfe, leicht gemacht“ — „Wie verhalte ich mich bei Panik?“

Ein zwar sinnloses Überlebenstraining, aber die Katastrophe wird dadurch wieder vorstellbar, sie schrumpft auf ein begreifbares Maß. Mag der möglicherweise bevorstehende Atomkrieg zehnmal, hundertmal schlimmer sein als der Zweite Weltkrieg — die Größenordnung ist immer noch zu erfassen. Und sie läßt eine Chance auf Überleben übrig, wie winzig sie auch sein mag. Sie läßt vor allen Dingen jenseits der Überlebenschance noch eine Zukunft als möglich erscheinen. Ob diese freilich lebenswert ist, sagen die Trainings-Broschüren nicht.

So gelingt die Disziplinierung. Die Massen werden nicht aufstehen und den Politikern ihr Schicksal aus der Hand nehmen. Sie werden die Katastrophe nicht verhindern, weil sie letztlich doch hoffen. Sie sind ein Opfer der Begrenztheit von Psyche und Phantasie.

Ich bin zutiefst deprimiert. Verzweifelt. Es sieht nach raffinierter Strategie der Politiker aus. Doch das ist sicherlich nicht richtig. Die Politiker sind selbst Opfer dieser psychischen, emotionalen und intellektuellen Begrenztheit. Die atomare Realität liegt jenseits auch ihres Begriffsvermögens. Nur deshalb auch konnten sie die atomare Realität schaffen. Sie wußten nicht, was sie taten. Und wissen es immer noch nicht. Ihr Überleben im Bunker wird sie zwingen, es zu wissen. Das wird eine Qual sein, die ich ihnen nicht einmal wünsche.

Die S-Bahn war leer heute. Sonst müssen die Leute bis Hoechst stehen, manchmal bis Eddernheim. Die pausenlosen Aufrufe von Regierung, Arbeitgebern und auch Gewerkschaften, zur Arbeit zu gehen — der Kanzler: „Das ist der beste Beitrag zum Frieden, den jeder leisten kann“ — scheinen wenig zu wirken.

Der Zug fuhr der sinkenden Sonne entgegen, die goldene Schleifen durch den Main zog. Die Weinstökke bei Hofheim in Reih und Glied. Es würde ein großer Jahrgang werden. Nur jetzt noch Regen. Wie ein blaues Band der Taunus. Gelbe und grüne Felder, Fabriken, Siedlungen, eine reiht sich an die andere. Eine zersiedelte Landschaft, vielleicht eine kaputte, aber wenigstens eine lebendige.

Werden diese Felder bald schwarz sein, die Dörfer eingeebnet oder leer, der Taunus abgebrannt? Die Vorstellung will nicht gelingen.

In der grauen Dunstglocke über Rhein-Main hingen die landenden Galaxy-Transporter und die Starlifter wie dicke Hummeln.

3. August, Mitternacht

Am Abend waren Freunde da. Bedrückende und gedrückte Stimmung. Was soll werden? Jeder schleppt diese Frage mit sich herum, keiner weiß eine Antwort. Der „Blutsonntag", der Ausdruck stammt von Hans von Raitz, war vielleicht noch zu gegenwärtig wie ein Alp, der nicht weichen will. Man kann sich auch gegenseitig nicht helfen. Jeder weiß Bescheid, auch vom andern. Graue Gesichter. Das Schlimmste ist, daß durch die Angst Fremdheit entsteht. Jeder lebt wie in einem Glaskäfig, unfähig, sich mitzuteilen. Unentwegtes Rauchen, die Hand umklammert das Weinglas. Man sucht Halt. Etwas festhalten. Lange Schweigepausen, Verlegenheit. Klapperndes Eßbesteck.

Ich konnte meiner deprimierten Stimmung auch nicht Herr werden. Wir steckten uns gegenseitig an. Verena Voß war nahe daran, zu heulen.

Als es nicht mehr zu ertragen war, sagte Tina schließlich, daß man hier nicht auf einer Beerdigung sei, und forderte Hans von Raitz auf, etwas zu sagen. Hans kaute erst sein Roastbeef zuende. Er liebt es, gefragt zu werden. Er ist der Kulturpapst in Wiesbaden. Ein Maler von massiger, rasputinischer Gestalt, aber so sehr sensibler Ästhet, daß er sein breites Gesicht in feine, säuerliche Falten gelegt hat.

Der gegenwärtige atomare Wahnsinn sei darauf zurückzuführen, sagte er schließlich, daß die Moderne die Ästhetik zerstört habe. Darunter leide die Urteilskraft, was schon Kant gewußt habe. Überhaupt sei lange schon eine allgemeine Kulturzerstörung festzustellen. Der moderne Mensch habe die Wurzeln der Tradition zerschnitten, die Autonomie der Persönlichkeit sei dahin, das Ideal des Kalokagatos, des sittlich guten und weisen, also schönen Menschen, sei nicht mehr gefragt.

Man vergleiche doch nur den Bildungsfundus eines Bismarck mit dem des jetzigen Bundeskanzlers, oder den eines Woodrow Wilson – den er keineswegs schätze – mit dem des jetzigen amerikanischen Präsidenten. Da lägen doch Welten dazwischen! Der Verlust der Ästhetik und die Zerstörung der Kultur führten aber unmittelbar zur Auflösung von orientierunggebenden Werten und sittlichen Bindungen. Das Technisch-Funktionelle sei in den Vordergrund getreten und die politischen Akteure heute seien lediglich seine Sachwalter.

Politische Konflikte mit Atomwaffen zu lösen, sei augenscheinlich die funktionellste Lösung. Ethische Fragen nach den Konsequenzen würden als altväterliches Gehabe diffamiert. Allein schon diese gräßliche moderne Architektur, bar jeder Menschlichkeit, verlange doch geradezu nach ihrer Zerschlagung. Für ihn jedenfalls sei die jetzige Situation keine Überraschung.

Tina hatte sich nicht getäuscht. Die wie stets bedenkenswerten Sätze Raitzens lockerten die Stimmung, sogar ein Anflug von Heiterkeit kam auf.

Verena will die Volkshochschule dichtmachen, da sie mit einigen wenigen Lehrern alleine sei. Es habe keinen Zweck. Nur einige Ältere kämen noch. Sie werde sich zu ihren Schwiegereltern nach Langenhagen absetzen.

Dieter Karasch widersprach so energisch, daß seine Nickelbrille zu rutschen begann. In den Großstädten werde man vermutlich am sichersten sein, wenn es denn zum Äußersten kommen sollte. Das sage er als Leiter des Ordnungsamtes seinen Leuten täglich. Er könne sich nicht vorstellen, daß man die Städte atomar angreifen werde. Welches Interesse sollten die Sowjets an einem derart sinnlosen Blutbad haben? Auch die Amerikaner würden die Siedlungszentren schonen. Es wäre schon entsetzlich genug, taktische Atomwaffen auf dem Gefechtsfeld einzusetzen. Auf dem Land sei die Gefahr größer als in den Städten.

Irgendwann kam doch die Erkenntnis, ohnmächtige Stammtischstrategen zu sein. Aber was war sonst zu bereden? Zwar wollten wir nicht in der Haut der Leute in der Eifel, im Hunsrück und auf der Schwäbischen Alb stecken, über denen seit Tagen das Fallbeil des atomaren Infernos hängt. Aber wenn die Pershing- und Cruise-Missiles-Stellungen dort angegriffen würden, wäre es auch mit uns zu Ende.

Hans von Raitz kommt sich vor wie ein umstürzender Grabstein; welch ein Kraftaufwand, sich aufrecht zu halten und weiter zu schleppen. Die kollektive Bedrohung, die nach jeder einzelnen Existenz greift, löst immer noch ungläubige Betroffenheit aus.

Wir verabreden, in engem Kontakt zu bleiben.

Die Totalität der Atomwaffen und die offenbar unaufhaltsam herannahende Apokalypse beantwortet endlich die uralte philosophische Frage nach dem Endzweck der Geschichte. „Sinn" der Geschichte nichts weiter als zielgerichtete, deterministische Entwicklung hin auf die Selbstzerstörung. Nietzsches „Wille zum Nichts". Die Mythen fast aller Völker und aller Kulturkreise beschreiben eine Eschatologie, die mit der Zerstörung der Welt endet. Vorsehung? Vorhersehbarkeit?

Liegt der Sinn von Geschichte darin, daß die Natur unbarmherzig einen ihrer Grundsätze vollzieht, nämlich eine Fehlentwicklung korrigiert? Der Mensch ist ein Irrläufer der Natur, sagte Arthur Koestler; fast wäre er vollkommen, fast die Krönung der Schöpfung, fast das Ebenbild Gottes. Aber eben nur fast. Er blieb ein erster Entwurf, eine Möglichkeit, eine „Idee".

Man darf die Begriffe „Selbstzerstörung", „Auslöschung", „Exterminismus", „Holocaust", „Inferno", „Katastrophe", „Apokalypse" nicht mit ihren moralischen Assoziationen denken, sonst landet man bei der Frage nach Schuld und Versagen. Diese Frage blokkiert nur die Einsicht und damit die letzte Freiheit, die uns jetzt geblieben ist: Den Blick ins Nichts zu wagen und auszuhalten.

Der zwanghafte, determinierte Ablauf der Geschehnisse der letzten Tage ist lediglich die technische Vorbereitung auf das Ende der Geschichte und der menschlichen Kultur. Sie macht aber deutlich — freilich zu spät —, daß die Möglichkeit einer Alternative niemals, auch nicht theoretisch bestanden hat. Es hätte auch unter anderen Bedingungen oder weltpolitischen Konstellationen oder anderen Führungsfiguren nicht anders kommen können. Es mußte so kommen. Was jetzt geschieht, hätte sich vielleicht verzögern lassen – durch Zufall –, aber nicht verhindern. Der Geschichtsablauf ist abgehoben von der Frage nach Verantwortung, Versagen, Schuld. Menschliche Entscheidungsfreiheit ist bestimmt von teleologischen und vor allem eschatologischen Zwängen.

Was uns jahrhundertelang getäuscht hat, ist die Fähigkeit der Vernunft zu utopischem und alternativem Denken, also zu intellektueller Freiheit. Diese Fähigkeit aber bewirkte den Trugschluß, der Mensch gestalte seine Geschichte so, daß die Möglichkeit der Korrektur von Fehlentwicklungen erhalten bleibt.

Die entsetzliche Wahrheit der Mythen und Eschatologien. Ob Götterdämmerung, Verfinsterung der Sonne als Lebensquelle, ob eisige Kälte, Einsturz des Himmels oder Herniederstürzen der Sterne oder das Versinken der Erde im Meer – die Geschichte endete in einer Katastrophe, beschleunigt durch die Kulturentwicklung. Der Sinn ist das Ziel, nichts weiter.

Hätten die Mythenerzähler einen Blick ins zwanzigste Jahrhundert tun können, hätten sie die Apokalypse als explodierende Wasserstoffbomben beschrieben.

Ich erinnere mich an einen Rundfunkbericht Ende der fünfziger, Anfang der sechziger Jahre über eine Beratung im Vatikan, in deren Verlauf einige Theologen auf die prophetische Kraft des Johannes-Evangeliums verwiesen und die Frage aufwarfen, ob sich Gott nicht einiger Politiker und Militärs bedienen könnte, um das Weltende mit Atomwaffen herbeizuführen. Der entsetzte Reporter sprach von einer „aberwitzigen Argumentation“. Er weigerte sich, wie die meisten der Anwesenden, diese Interpretation hinzunehmen. Doch in der „Apokalypse“ des Johannes ist tatsächlich nun einmal zu lesen: „... und der Engel nahm das Räucherfaß und füllte es mit Feuer und schüttete es auf die Erde; und der dritte Teil der Erde verbrannte ... Und die Menschen wurden versengt von der großen Hitze und das Meer ward wie das Blut eines Toten, und alle lebendigen Wesen im Meer starben ... Viele Menschen starben von den Wassern, denn das Wasser war bitter geworden, ... andere litten monatelange Qualen, wie von Skorpionen, wenn sie Menschen stechen, ... und die Menschen werden den Tod suchen und begehren zu sterben ... Weh, weh, weh denen, die auf Erden wohnen.“

Die Beschreibungen des atomaren Infernos durch Naturwissenschaftler und Mediziner sind dagegen eher dürr.

Die Annahme, daß die Apokalypse die Sühne für Schuld sei, hat das Problem immer auf eine moralische Ebene geschoben. Dadurch blieb die Idee eines barmherzigen und gnädigen Gottes möglich, der die Menschheit zwar physisch vernichten kann, die Seelen aber erlöst und in eine bessere Welt führt. Die Einsicht in die deterministische Unerbittlichkeit eines Naturprozesses wurde verstellt.

Schwarze Gedanken. Doch die Annahme eines allmächtigen Naturschicksals hat auch etwas Tröstliches. Sie mildert zwar die Angst nicht, aber doch die Verzweiflung über Menschen.

Die Apokalypse schrieb der Überlieferung nach Johannes, ein Mann, und die nekrophile Lust am Untergang teilt sich unmittelbar mit, noch verstärkt durch die Sprachgewalt. Ihr korrespondiert eine ebenso lustvolle Unterdrückung der Frau: „Ich habe wider dich, daß du das Weib duldest, die da spricht, sie sei eine Prophetin, und lehrt und verführt meine Knechte, Unzucht zu treiben und Götzenopfer zu essen. Und ich habe ihr Zeit gegeben, daß sie sollte Buße tun, und sie will nicht von ihrer Unzucht lassen.“

Welche Angst vor der Frau, vor der Mutter, vor dem Lebensprinzip. Sie ist in der jüdisch-christlichen Kultur, die die Geschichte gestaltete und eine repressive Moral entwickelte, begründet, und brach immer wieder — periodisch, regelmäßig — in Kriege aus.

Aufgrund des von Kulturentwicklung und Sozialisationsschicksal stetig abgepreßten Triebverzichts und dem daraus resultierenden „Unbehagen“ hielt Freud Kriege „bis auf weiteres“ für unvermeidlich, hoffte jedoch auf die „leise, aber auf Dauer unabweisbare Stimme der Vernunft“.

Diesen Irrtum hätte Freud vermeiden können; aber auch er hatte wohl Angst vor dem Blick ins Nichts, die sein Schüler K. R. Eissler offenbar nicht hat:

„Wenn aber Kriege in unserer Kultur psychologisch nicht nur Folgen starker Aggressionen sind, sondern unbemerkt in der der kollektiven Sittlichkeit zugrundeliegenden Tradition, die durch das Charisma der Heiligkeit vor Kritik geschützt wird, verankert sind, dann stehen wir in unserem Kampf um einen Dauerfrieden auf verlorenem Posten, und wir müssen die derzeitige Unvermeidbarkeit der Kriege anerkennen."

Männlichkeit — Patriarchat — Unterdrückung der Frau — repressive Moral — Aggressivität — aggressive Kultur — repressive Gesellschaften — Lust- und Lebensfeindlichkeit — Kriege — Apokalypse. Der Evangelist: „Sie ist gefallen ... und ist eine Behausung des Teufels geworden und ein Gefängnis aller unreinen Geister und verhaßten Vögel ... Komm, ich will dir zeigen das Gericht über die große Hure, die an vielen Wassern sitzt ... und die da wohnen auf Erden sind trunken geworden von dem Wein ihrer Unzucht".

500 Jahre lang, bis in die Neuzeit des 18. Jahrhunderts, konnte jeder Ehemann seine Frau, die ihm mißfiel, und jeder geile Mönch die Frau, die ihm gefiel, als Hexe denunzieren und auf den Scheiterhaufen bringen. Millionen Frauen sind verbrannt worden, in manchen Städten und Dörfern blieben zwei oder drei übrig. Neben dem Weib als Hure die reine, sündlose Jungfrau.

Unterdrückung der Frau in der jüdisch-christlichen Kultur beginnt ja schon im Schöpfungsmythos. Im Gegensatz zu den meisten anderen Mythen wird die Erschaffung der Welt nicht als Geburt durch eine Urmutter dargestellt, sondern quasi als Intelligenzleistung, als „Kopfgeburt" oder Konstruktion eines Mannes. Das rationale Prinzip, das sich der Mann fortan zugute hält, obsiegt über das abgewertete organisch-kreatürliche. So ist der erste Mensch ein Mann, und aus dessen Rippe wird die Frau „geboren". Grotesk.

Ist der Erlösungsgedanke und die Verheißung des Paradieses nicht vielmehr der infantile Wunsch, in den Mutterleib zurückzukehren? Wieder Kind zu sein, totale Befriedigung zu haben, ohne Schuld zu sein, das Leben nicht bestehen zu müssen, die wohlige Dämmerung des Nichtgeborenseins zu genießen?

Da dieser Wunsch unerfüllbar bleibt, gibt es die

Ersatzbefriedigung des Todes. Zurück zur Mutter Erde, als Leiche. Vielleicht liegt die Tragödie des Mannes darin, daß er sich gewaltsam von der Allmacht der liebenden Mutter trennen muß, weil sie sonst seine Männlichkeit „verschlänge“. Männliche Identität durch Zurückstoßung der Frau?

4. August, mittags

Wohlvorbereiteter, bundesweit organisierter und durchgeführter Schlag gegen die Linke. Nicht nur führende DKP-Mitglieder und sonstige Kommunisten verhaftet, sondern auch die Köpfe der Bürgerrechtsbewegungen. Humanistische Union, Gustav-Heinemann-Initiative, Komitee für Grundrechte, Aktion Sühnezeichen, Ohne Rüstung leben und sogar Pax Christi sind seit heute morgen staatsfeindliche Organisationen.

Der Kalatog wurde offenbar dem letzten Verfassungsschutzbericht des Bundesinnenministers über „verfassungsfeindliche Organisationen“ entnommen, allerdings kräftig erweitert. Die Notstandsgesetze machen es möglich. Parallel dazu Verbot „linksradikaler Zeitungen, Zeitschriften und Publikationen“. Ihre Herausgeber und Redakteure zum großen Teil verhaftet. Für viele Konservative offenbar ein Akt der Selbstreinigung. Der Notstand hat daher sein Gutes.

Heute morgen von drei Herren des Verfassungsschutzes aus dem Bett geklingelt und verhört. Das Arbeitszimmer gründlich durchsucht, Aufsätze und Artikel für die „Vorgänge“ beschlagnahmt. Nur mein Tagebuch haben sie nicht gefunden.

Bedächtige, gründliche Typen, distanzierte Höflichkeit, geradeaus blickend. Scheuklappen?

Neugier und Interesse für Menschen und ihre Rollen meinerseits: „Warum tun Sie das?“ Antwort des Herrn mit dem wundgescheuert-glattrasierten Gesicht: „Weil wir die entsprechende Weisung haben.“

„Ist damit das Problem für Sie erledigt?“

Erstaunt: „Ja, selbstverständlich!“

„Bringen Sie Ihre eigenen Überlegungen in die Ihnen zugewiesenen Tätigkeiten ein?“

„Die muß ich hintanstellen, die tun nichts zur Sache.“

„Könnten Sie sich vorstellen, daß Sie Beihilfe zu einer Politik leisten, die uns in die Katastrophe führt?"

„Das ist nicht mein Problem!"

„Was ist dann für Sie das Problem?"

„Daß Sie im Verdacht stehen, Aktivitäten zu entwickeln, die die Verteidigungsfähigkeit des Staates schwächen könnten! Und daß ich das prüfen soll."

„Aber wenn es gerade diese Aktivitäten des Staates wären, die uns – und Sie und Ihre Familie mit – bedrohen, ich dagegen und diejenigen, gegen die Sie vorgehen, diese Bedrohung abzuwenden versuchen?"

Nach wie vor sehr freundlich, fast geduldig: „Darüber kann ich nicht reflektieren. Wir tun nur unsere Pflicht."

„Könnten Sie sich vorstellen, eine falsche Pflicht zu tun, sich mißbrauchen zu lassen?"

„Solange diese Pflicht auf gesetzlicher Grundlage beruht: Nein."

„Und wenn Ihre Überzeugungen, sogar Ihr Gewissen, Ihnen signalisieren, daß Legalität in einer bestimmten Situation Unrecht oder Unsinn wird, der durch Widerstand oder Ungehorsam verhindert werden muß?"

Unbeirrt weiterarbeitend, gewissermaßen en passant: „Ach, wissen Sie, ein Staat muß darauf vertrauen können, daß Beamte ihre Zweifel zurückstellen."

„Haben Sie Angst?"

„Vielleicht, aber nicht im Dienst!"

Als sie meinen Essay „Über das Kriegerdenkmal" einpackten, zeigte ich ihnen eine Stelle: „Zerlegte man das Wort 'Kriegerdenkmal' in seine drei Wortbestandteile, so erschlösse sich überraschend ein völlig neuer Sinn, der leider in Deutschland keine Tradition hat: Krieger, denk' mal!"

„Gute Pointe", sagte der glattrasierte Verfassungsschützer freundlich. Die Herren verabschiedeten sich, offenbar amüsiert.

Der Bundeskanzler appelliert an die Bevölkerung, die eingeleiteten Verteidigungsmaßnahmen zu unterstützen und „innerlich zu bejahen". Niemals in der Geschichte hätten die Deutschen eine gerechtere

Sache vertreten. Es lohne sich, die Freiheit und die Werte unserer christlich-abendländischen Kultur zu verteidigen. Verteidigung sei immer eine gerechte Sache. Ohne Verteidigungsbereitschaft gehe ein Volk zugrunde, verlöre zumindest seine Identität und würde von seinen Wurzeln abgeschnitten. Die Freiheit lohne jedes Opfer. Der Präsident der Vereinigten Staaten von Amerika habe ihm eben noch einmal am Telefon versichert, daß die Vereinigten Staaten mit all ihrer Kraft den Verbündeten zur Seite stünden, um sie zu verteidigen.

Der Kanzler sagte tatsächlich „jedes Opfer". Das Opfer des totalen Nuklearkrieges sind heute Völker. Ohne Volk keine Freiheit. Herr, vergib ihnen, denn sie wissen nicht, was sie tun. Aber wir zeigen unsere Verzweiflung einem leeren Himmel.

Natürlich werden die Militärs und die Amerikaner dafür sorgen, daß kein Rotarmist einen Quadratmeter westlichen Gebietes besetzt hält. Die taktischen Atomwaffen werden dies bewerkstelligen. Verteidigung ist schon möglich, aber um welchen Preis, um welche Opfer. Um „jedes Opfer". Die totalen Waffen erfordern das totale Opfer, also auch das der Freiheit.

Die Amerikaner (und Sowjets) können sich bis zum letzten Deutschen verteidigen. 60 Millionen tote oder verstümmelte Deutsche sind den Preis für die amerikanische/sowjetische Freiheit wert. Die Verteidigung Deutschlands wird eine totale sein.

Zum Schluß Rat des Kanzlers, die Rundfunk- und Fernsehgeräte ständig eingeschaltet zu halten.

Einstein: „Die Entfesselung des Atoms hat alles verändert, mit Ausnahme des menschlichen Denkens ..." die Äußerungen von politischen und geistlichen Würdenträgern in den letzten Jahren bestätigen das auf deprimierende Weise. Kurienkardinal Josef Ratzinger zum Beispiel nannte in einem „Spiegel"-Interview vor einigen Jahren die französischen und britischen Atomraketen „Waffen für die Verteidigung". Unreflektiert behauptete Prämisse, die automatisch zu einer fatal falschen ethischen Schlußfolgerung führt: Verteidigungswaffen sind zwar ethisch legitimiert, aber Atomwaffen können niemals der Verteidigung oder dem Schutz, der Abwehr eines Aggressors dienen, sondern entweder dem Angriff, oder der Vergeltung, oder der Abschreckung. Abschreckung wiederum ist entweder Angriffs- oder Vergeltungsdrohung. Weder der atomare Angriff noch die atomare Vergeltung sind aber ethisch – zumindest aus christlicher Ethik – zu rechtfertigen. Daher sind Atomwaffen unter keinen denkbaren Voraussetzungen ethisch zu rechtfertigen, unabhängig von dem politischen Zweck und – paradoxerweise – der ethischen Absicht, mit ihnen einen Krieg zu verhüten.

Gibt es für deutsche Offiziere verpflichtende ethische Prinzipien? Praktische Vernunft? Konsequenz aus Gewissensnot? Wie können Offiziere, also Fachleute, sich den Begriff „Verteidigung" von der Politik so unreflektiert aufdrängen lassen? Oft gehörtes Argument: Die Politik macht die Vorgaben, wir führen sie aus. Das ist unser Auftrag.

Argument, Rechtfertigung oder Ausrede? Feigheit? Mangelnde Zivilcourage?

Verteidigung ist militärisch nur möglich, wenn sich die Sowjets an das Drehbuch halten, das die NATO geschrieben hat: Sowjets greifen an, nach Plan, bewußt, um Europa zu erobern und kommunistischer Ideologie zum globalen Sieg zu verhelfen. Dann zunächst Kampf mit konventionellen Waffen. Warschauer Pakt droht zu siegen, da NATO hoffnungslos unterlegen. NATO setzt Atomwaffen ein, „selektiv", „begrenzt", „in vorbedachter Eskalation". Sowjets sollen jetzt Risiko erkennen und sich zurückziehen. USA drohen mit strategischen Waffen. Sowjets erkennen Risiko und ziehen sich zurück – waren vorher so dumm, und haben es nicht richtig kalkuliert.

Ende des Drehbuchs.

Simple Fragen: Was, wenn die Sowjets nicht in Eroberungsabsicht angreifen, sondern aus Angst, Fehlannahmen, Fehleinschätzung, Irrtum, Pannen? Was, wenn sie selbst gleich Atomwaffen einsetzen und nicht erst auf die NATO warten? Was, wenn sie spätestens nach dem „selektiven" Einsatz taktischer NATO-Atomwaffen massiv zurückschlagen und Deutschland, Europa in eine atomare Wüste verwandeln? Was, wenn sie in vorbeugenden Schlägen das geringere Risiko sähen?

Was, wenn sich bewahrheiten sollte, daß zum Kriegführen stets zwei gehören?

Um die Illusion der „Verteidigung" bewahren zu können, müssen deutsche Offiziere — ebenso wie deutsche Politiker — von lauter Annahmen ausgehen. Annahme lautet: Sowjets verhalten sich so, wie wir das erwarten. Dürfen sich einfach nicht anders verhalten. Wunschdenken, Zirkelschluß. Wenn sich die Sowjets nicht nach diesen Annahmen richten, gibt es vorhersehbar keine Verteidigung. Damit aber auch keinen Sinn für eine konventionelle Armee.

Widersprechen deshalb deutsche Offiziere diesem „Verteidigungskonzept" nicht, um sich selbst nicht infrage stellen zu müssen? Ethisches Versagen? Unterdrückung besserer Einsicht? Gewissensverleugnung?

Grotesker Widerspruch — neben zahllosen anderen: Politisch unterstellen wir den Sowjets den *worst case*, die Bereitschaft, uns zu erobern, zu bedrohen, zu erpressen, uns ihren Willen aufzuzwingen, also alle erreichbaren Optionen zu realisieren. Nach diesem *worst case* wird gerüstet. Militärisch dagegen sind wir darauf angewiesen, daß die Sowjets im Kriegsfall ihre militärischen Optionen nicht einmal zu einem Bruchteil realisieren: Keine Angriffe gegen Atomreaktoren, nicht einmal fünf Prozent der taktischen Atomwaffen auf die Bundesrepublik — 30 mal mehr als alle Bomben und Granaten des Zweiten Weltkrieges —, auch nicht gegen sie bedrohende militärische Ziele. Sonst bomben sie uns aus der Geschichte.

Wann je in der Kriegsgeschichte hätten Gegner nicht die effektivsten Waffen eingesetzt? Müßte die verantwortliche Politik nicht von dem wahrscheinlichsten Szenario im Kriegsfall ausgehen — statt vom unwahrscheinlichsten?

Wie Klein-Moritz sich die (Sicherheits-)Politik vorstellt, so ist sie auch (Tucholsky). Diese epochale Blindheit ist zum Verzweifeln. Determinismus? Kein ethisches Problem: Sie glauben an die Konstruktion ihrer Realität, um die tatsächliche, die nicht verteidigt werden kann, nicht zur Kenntnis nehmen zu müssen.

Ist es ein Trost, wenn DDR-Offiziere ebenso versagen? Daß auch sie taktische und strategische Waffen sinnloserweise unterscheiden? Daß auch sie — „guten

Glaubens" – die Sicherheitsinteressen eines anderen Staates auf Kosten des eigenen Volkes vertreten – und vielleicht schon in allernächster Zeit exekutieren werden? Es wird eine Exekution sein.

Carl von Clausewitz: Eine Armee zu verheizen, wenn keine Chance für die militärische Durchsetzung der politischen Ziele besteht, ist ein Verbrechen. Dann muß die Politik kapitulieren.

Aber ein Volk zu verheizen? Nicht die geringste Möglichkeit, ein politisches Ziel mit militärischen Mitteln zu erreichen. Sind wir dazu ausersehen, mit unserem Untergang dazu beizutragen, daß die überlebenden Völker aus dieser dann „größten Katastrophe der Menschheit" lernen, ihre destruktiven Neigungen endlich unter die Herrschaft der Vernunft zu stellen?

4. August, abends

Mit einer stupiden Perfektion rollt die Mobilmachung ab. Alle in unzähligen Übungen nach ausgedachten Szenarien entwickelten Maßnahmen werden ins Werk gesetzt. Man könnte fast auf den Gedanken kommen, die Politiker handelten allesamt aus Trotz. Ein gewaltiger Apparat tritt in Aktion, der sich selbst imponiert und Verteidigungsfähigkeit vorgetäuscht hat, weil die taktischen Atomwaffen und das Verhalten des Gegners „vergessen" wurden.

Die vielleicht friedlichste oder zumindest friedenwilligste Generation, die dieses Volk je hatte, wird eingezogen. Zu den Waffen gerufen. Eine Million Reservisten „eilen zu den Fahnen". Das Vaterland ruft. Diese Generation, angepaßt und doch engagiert, resigniert und doch kreativ, ungeduldig und geduldig, schimpfend oder demonstrierend, auf ihre Chance wartend, aufmüpfig und zärtlich, sie ist jetzt aufgerufen, das größte Gemetzel, das die Menschheit je sah, mit anzurichten, vor allem aber: über sich ergehen zu lassen. Sie werden keine Gelegenheit haben, zu kämpfen. Sie werden keine Feldpostbriefe schreiben. Sie werden Opfer sein. Aber sie wissen es nicht. Sie sind schon Opfer, weil sie an die Verteidigung glauben und damit an ihren Auftrag, Heimat und Freiheit zu schützen. Irregeleitete sind immer Opfer.

Ich denke an den Oberst, der Ende der 70er Jahre von Bonn nach Brüssel versetzt worden war und nach einem Jahr die Erkenntnis gewann: „Fünfmal habe ich ein Planspiel mitgemacht. Fünfmal wurde die Bundesrepublik verteidigt, und fünfmal wurde sie zerstört." Ein anderer Bundeswehroffizier: „Nur nicht nachgeben, und sei es um den Preis der eigenen Vernichtung."

Seit dem NATO-Doppelbeschluß und der Stationierung der Pershings und Marschflugkörper hat sich Europa endgültig den beiden Supermächten als Geisel ausgeliefert. Was hätten uns bis dahin die Sowjets mit ihren Tausenden von Atomwaffen antun können? Uns nur vernichten. Was könnten sie mit 300 SS-20? Uns nur vernichten. Ohne die SS-20? Uns auch vernichten. Was hatten die Sowjets mit ihrer SS-20-Rüstung an zusätzlichen militärischen Möglichkeiten gewonnen? Nichts. Nur zehn-, zwanzig-, dreißigfache Vernichtungskapazität. Nutzte ihnen das etwas? Nein. Hätten sie ein atomares Inferno über Europa bringen können? Nein. Ein solches Inferno hätte das politische System in der Sowjetunion hinweggefegt. Wir hätten unterstellen können, daß die Sowjets vor einer solchen nüchtern geplanten Barbarei zurückgeschreckt wären. Hätten sie uns mit den SS-20 erpressen können? Nein! Gegen unseren Willen nicht. Wir hatten uns ja schon von den Kurzstreckenwaffen nicht erpressen lassen, die genau so töten wie die SS-20. Hätte die SS-20 abschreckend auf uns wirken müssen? Nein, Overkill-Potentiale wirken nicht abschreckend. Man kann nur einmal sterben.

War die Nachrüstung militärisch notwendig? Nein. War sie politisch notwendig? Sie war eine Katastrophe. Hat uns die Nachrüstung sicherer gemacht? Sie hat uns Europäer an den Abgrund gedrängt.

Das ABC der Sicherheitspolitik. Klein-Moritz hätte es verstanden.

Wirken die Pershings und Marschflugkörper auf die Sowjets abschreckend? Sie jagen ihnen Schrecken ein, an dem sich westliche Sicherheitspolitiker lange Jahre weideten. Aber dieser Schrecken wird die Sowjets zu schrecklichen Schlägen provozieren. Die Pershings nehmen ihnen die Skrupel, Europa und die Bundesrepublik anzugreifen. Plötzlich erhalten ihre Atomwaffen eine nachträgliche Rechtfertigung — und eine Funktion. Jetzt sind wir in sowjetischer Geiselhaft. Unser Schicksal hängt einzig davon ab, wie 14 ältere Männer im Kreml in den nächsten Stunden oder Tagen entscheiden. Unser Schicksal hängt jetzt nicht von der Bundesregierung, der Bundeswehr oder der NATO ab.

Wir sind aber auch in der Geiselhaft der USA. Die „chirurgischen Schläge", die sie mit den Pershings der sowjetischen Elite zugedacht haben, werden uns amputieren. „Wir müssen in der Lage sein, die Sowjetunion zu enthaupten, um die gesamte sowjetische — und mit der Sowjetunion verbündete — politische und militärische Machtstruktur auszuschalten." Das Todesurteil der Bundesrepublik Deutschland steht schon im „Fiscal Year 1984 - 1988 Defense Guidance".

Colin S. Gray hat es schon vor Jahren so formuliert: „Die Vereinigten Staaten sollten planen, die Sowjetunion zu besiegen, und dies zu einem Preis, der die Erholung der USA erlauben würde. Washington sollte Kiegsziele festlegen, die letztlich die Zerstörung der politischen Macht der Sowjets und die Entstehung einer Nachkriegs-Weltordnung, die den westlichen Wertvorstellungen entspricht, in Betracht zieht."

Die Narren im Eifel-Bunker glauben, daß die sowjetische Herrschaftselite sich die Enthauptung gefallen lassen wird — unter Beihilfe der Deutschen. Wir oder sie. Also wir.

Die Redaktion fordert die Leser in einer Kampagne auf, der Bundesregierung gegenüber ihre tiefe Beunruhigung und ihr Erschrecken über die kompromißlose Konfrontationspolitik auch des Bündnispartners USA zum Ausdruck zu bringen. Die Bundesregierung solle sich darüber im klaren sein, daß wir einen Krieg nicht „durchstehen" könnten, auch einen konventionellen nicht.

Ob die Post die vorgedruckten Formulare im Eifel-Bunker abgeben wird? Zweifel sind angebracht.

Das Volk ist zum Kriegführen nicht mehr notwendig. „Stell dir vor, es ist Krieg und keiner geht hin." Es braucht keiner hinzugehen, für die paar Tage oder

Stunden. Auf das Volk kann verzichtet werden. Es hindert nur.

Die nervöse Stimmung unter den Kollegen hält an. Einige mit Galgenhumor geben sich nervenstark, einige apathisch, einige sind mit den Nerven am Ende. Ich zähle zu den letzteren.

Sicherheitspolitik und Ost-West-Konflikt lassen sich auch als Verfolgungswahn deuten, als Paranoia oder Psychose. Der andere ist immer schuld. Er will mich vernichten. Er hat schon alles vorbereitet, wartet nur noch auf den günstigen Augenblick, lauert, daß ich mir eine Blöße gebe. Lockt mit Friedensgesten, Abrüstung, Zusammenarbeit. Gerissener Plan, von langer Hand vorbereitet. Sehr geschickt. Gegner ist mächtig, kann abwarten, schlau, aber eiskalt. Schäbige Tricks, sofort durchschaut. Will mich aufs Kreuz legen und zur leichten Beute machen. Spiele aber nicht mit. Werde mich wehren. Der Feind soll mich kennen lernen, koste es, was es wolle. Dann gehen wir eben beide drauf.

Alfred Adler: Die Psychose ist eine sehr männliche Krankheit.

Goethe: Der Krieg ist in Wahrheit eine Krankheit.

4. August, Mitternacht

Nachbar Thönnessens Beispiel hat gezündet. Die Taunusrodter buddeln in ihren Gärten fieberhaft „Bunker“ aus, nach Anleitung der Deutschen Selbstschutz-Gesellschaft. Einer steckt den anderen an. Andere werden unruhig, weil sie keinen Garten haben.

In den Broschüren steht: „Die Hitzestrahlung einer atomaren Explosion kann, je nach Stärke der Bombe, kilometerweit wirken und brennbare Stoffe wie Papier, Holz, Lacke, Gardinen leicht entflammen. Die Druckwelle verwandelt Fensterscheiben in Geschosse, die schwere Verletzungen hervorrufen können.“ Wiesbaden liegt gleich hinter der Platte ... Treffende Bezeichnung: Selbstschutz. Den Krieg machen wir, deinen Schutz mußt du selbst besorgen. Sieh zu, wo du bleibst.

Bauer Brand am Ende des Ortes baut seine alte Jauchegrube um. Selbstschutz.

Spaziergang mit Tina. Die untergehende Sonne ließ die Fischteiche aussehen, als seien sie mit flüssiger Bronze gefüllt. Die Abendkühle tat gut. Gerüche nach Fülle und Reife. In den Büschen lärmten die Vögel. Das Land dürstet nach Regen. Die Dämmerung verhüllte den kranken Wald, die dürren Fichten und Buchen, die herausgeschlagenen Lichtungen, die schwächlichen Pflanzungen. Über der Landschaft schien schon Vergangenheit zu liegen. Es war einmal.

Doch da ist Tina, die dicht neben mir geht. Andreas, der seine Alten nicht verlassen will. Christine.

„Im Menschen ist soviel Entsetzliches – die Erde war zu lange schon ein Irrenhaus.“ Wieder bei Nietzsche gelesen. Fast eine masochistische Faszination, die dieser Kranke, leidende Visionär auf mich ausübt. Er hat für sich den Zustand, den das „kranke Tier“ geschaffen hat, vorweg durchlebt und ist an ihm zugrundegegangen. Wir gehen 120 Jahre später an ihm zugrunde.

„In irgend einem abgelegenen Winkel des in zahllosen Sonnensystemen flimmernd ausgegossenen Weltalls gab es einmal ein Gestirn, auf dem kluge Tiere das Erkennen erfanden. Es war die hochmütigste und verlogenste Minute der 'Weltgeschichte': Aber doch nur eine Minute. Nach wenigen Atemzügen der Natur erstarrte das Gestirn, und die klugen Tiere mußten sterben. So könnte jemand eine Fabel erfinden und würde doch nicht genügend illustriert haben, wie kläglich, wie schattenhaft, wie gleichgültig, wie zwecklos und beliebig sich der menschliche Intellekt innerhalb der Natur ausnimmt. Es gab Ewigkeiten, in denen er nicht war, wenn es wieder mit ihm vorbei ist, wird sich nichts begeben haben.“

Wie grausam wahr. Denkt man sich die Erdgeschichte als einen Tag, so existiert das Wesen Mensch drei Sekunden, der *Homo sapiens* mit seinem Verstand Bruchteile einer Sekunde. Er hat existiert. Verstand und Bewußtsein kamen und verschwanden wie eine Explosion. Dafür die Hunderte von Millionen Jahre währende Vorbereitung?

Um sich von seinen irrational gewordenen und seinen produktiven Möglichkeiten widersprechenden Leiden zu befreien, erfand sich der Mensch den Erlösungsgedanken, den theologischen wie den profanen: Überführung von Sehnsucht nach einer heilen Welt und von religiösen Wunschbildern in konkrete soziale und gesellschaftliche Phantasien. Aber der Erlösungsgedanke wird nicht erst dann gescheitert sein, wenn die ersten Atombomben das weltweite Inferno auslösen. Sein Scheitern wurde bereits eingeläutet, als die ersten Atomwaffen verfügbar wurden und man mit ihrem Einsatz glaubwürdig zu drohen begann. Dieses „Probehandeln" war bereits die Götterdämmerung der christlich-abendländischen Kultur, der Abfall von Gott. Die Zerstörung der Ethik und des Humanen lag in der Drohung und in der Bereitschaft, den Untergang der Menschheit herbeizuführen. Das haben die Verwalter der Kirchen nicht begriffen.

Die Marxsche Idee der Entwicklung einer repressionsfreien Gesellschaft, in der der Mensch seiner Natur gemäß sozial handelt, also vernünftig und gut, und in der der Frieden als geschichtsnotwendiger Zustand etabliert ist, hat nicht Schritt gehalten. Die Entfaltung der Produktivkräfte bewirkte auch eine Entfaltung der Totalität der Waffen. Marx und Engels müßten sich im Grabe umdrehen, sähen sie, daß der erste Arbeiter- und Bauernstaat ebenfalls entschlossen ist, die Arbeiter- und Bauernklasse ganzer Staaten auszulöschen.

Wenn Atombomben jederzeit die Geschichte der Menschheit beenden können — egal ob nach teuflischem Plan, aufgrund von Irrtum, Psychose oder deterministischem Zwang — erübrigt sich die These, Zweck der Geschichte sei mit Notwendigkeit die repressions- und leidensfreie Gesellschaft, in der jeder nach seinen Fähigkeiten gibt und jedem nach seinen Bedürfnissen gegeben wird.

Allein schon die Drohung mit Atomwaffen widerlegt als totale Antithese die zentralsten Glaubenssätze des Marxismus. Das haben seine Verwalter nicht erkannt. Oder die Erkenntnis war ihnen gleichgültig.

Und der aufgeklärte Humanismus? Die praktische Vernunft und damit die Ethik bestimmen nicht das Handeln des Menschen. Freud: Es gibt keinen autonomen Willen als konstante, Geschichte und Gesellschaft gestaltende Kraft. Trotz Erkenntnis, trotz Einsicht. Kant: „Der Frieden ist das Meisterstück der Vernunft." Andere Determinanten sind mächtiger.

So werden Christen, Marxisten und Humanisten einträchtig beteiligt sein, ihren Glauben und ihre Überzeugung als Irrtum zu beweisen.

Es ist eine zulässige, ja notwendige Interpretation der Geschichte Europas: Eine Geschichte von Kriegen, unterbrochen von Waffenstillständen. Waffenstillstand ist Rüstungskrieg. „Nicht den Frieden zu erhalten, ihn erst zu schaffen gilt es, denn wir haben keinen. Wir leben in einem Rüstungskrieg, einem auf Dauer unhaltbaren Waffenstillstand." Bertha von Suttner 1896!

1871 Waffenstillstand bis 1914. Krieg. 1918 Waffenstillstand bis 1939. Krieg. 1945 Waffenstillstand bis 1998? Krieg. Eissler glaubt zu recht, „daß der Krieg in der Geschichte des Westens eine größere Rolle spielt als in anderen Kulturkreisen." Das ist nicht verwunderlich. Helmut von Moltke: „Der Krieg ist ein Glied in Gottes natürlicher Weltordnung." Ludendorff: „Der Krieg ist ein Jungbrunnen für ein Volk."

Im Westen nichts Neues. Im Osten auch nicht. Neu sind nur die Waffen. Und immer waren die Militärs mit den neuen Waffen überfordert.

5. August, mittags

Unter der Bevölkerung im Einzugsbereich der Atomkraftwerke ist Panik ausgebrochen. Fast ganz Südhessen und das nördliche Baden flüchten buchstäblich vor dem Atomreaktor in Biblis, die meisten nach Süden und Westen. Die Wiederkehr des Verdrängten. Die Bedrohung ist unerbittlich, sie bringt in Erinnerung, was einmal notiert und gelernt wurde. Das Gelernte: Ein Raketentreffer auf einen heißen Reaktor verwandelt die Umgebung auf tausend Quadratkilometern in ein Leichenhaus. Der Reaktor wirkt wie ein Auto voller Sprengstoff vor der Haustür. Den Auslösemechanismus meint man schon ticken zu hören. Die Bevölkerung glaubt an den totalen Krieg. Die Beruhigungspillen der Regierung haben nichts bewirkt. Die Republik hat sich in einen Hasenstall verwandelt, in den der Iltis eingebrochen ist. Wo immer die Hasen hinspringen, die tödliche Gefahr ist da, sie entgehen ihr nicht.

Am Morgen plötzlich tauchten Hunderte von Wiesbadener Pkws in Taunusrodt auf. In der Ortsmitte stauten sie sich. Karambolagen. Die Taunusrodter Bauern fuhren Traktoren auf die Hauptstraße. Polizei und Grenzschutz zwangen die Blechlawine wieder zurück. Fluchen, Widerstand, Handgreiflichkeiten, schließlich Warnschüsse.

An den Ausfallstraßen rings um Wiesbaden Straßensperren. Wer heraus will, wird streng kontrolliert.

Mein Versuch, mit dem Auto über Fischbach und Königstein nach Frankfurt zu gelangen, scheiterte.

Die Nachrichten im Rundfunk: Die verängstigten Leute hören, daß sie Angst haben. Die Regierung versucht unbeirrt, Vertrauen anzuordnen.

Auch die Taunusrodter wissen, daß sie langsam versaftet würden, wenn der Reaktor in Biblis zerstört würde. Bei leichtem Südwind in knapp zwei Stunden. Aber wohin? Überall dieselbe Gefahr, überall stehen Reaktoren.

Man beginnt, diese totale Ohnmacht und Hilflosigkeit als Verachtung gegen sich selbst zu wenden. Scheißkerl, unbrauchbarer Mensch, kannst nichts tun, nicht mal abhauen. Man degradiert sich letztlich selbst zum Hasen. Man ist nicht einmal Material, das sich noch irgendwie verwenden ließe. Nicht einmal ein Rädchen, ein Schräubchen. Man soll nur ruhig sein und nicht stören. Entwürdigend.

Ich fasse ernsthaft den Beschluß: Ehe ich mich zum tristen Melancholiker machen lasse oder durchdrehe, lehne ich mich wie im Logensessel zurück und versuche, Zuschauer zu sein. Man wird doch noch Mensch bleiben dürfen.

5. August, nachmittags

Auch die Bevölkerung in den Grenzgebieten, beginnt sich abzusetzen. In der Gegend südlich von Fulda soll eine Massenflucht im Gange sein. Vorrückende Truppen werden behindert. Niemand weiß noch Genaues.

Die Ortschaften liegen schließlich nur zwei Kilotonnen atomaren Sprengstoffs auseinander. *Collateral damage,* unerwünschte Begleitschäden, aber leider unvermeidlich. Die Freiheit hat ihren Preis. Ich muß an den Film „Hattenbach" denken und an den US-Offizier, der erläuterte, was Verteidigung heißt: „Wenn die Bombe über *ground zero* explodiert, würde Hattenbach weggeblasen. Aus, nichts, nur eingeebnetes, etwa 30 Zentimeter hohes Trümmerbeet." Viele Leute wollten damals den Film nicht sehen, sie hielten es mit dem Bürgermeister: „Wenn ich den Schlachttag für meine Sau festgelegt habe, dann gehe ich auch nicht jeden Tag zu ihr und zeige ihr das Messer." Jetzt sehen sie das Damoklesschwert über sich und erkennen, daß sie das Schlachtschwein sind. Hätten es schon viel früher sehen können, wenn sie nur den Blick etwas gehoben hätten. Es hängt schon viele Jahre über ihnen, freilich auch über uns.

Osthessen: Herrliches Land, alte Städte, Fachwerkhäuser. Aber Hunderte von Munitionsdepots, Atomwaffenbunker, Feldflugplätze, Nachschublager, Kasernen, Schießbahnen. Faktisch ein Aufmarschgebiet, seit Jahren schon. Das größte Pulverfaß der Welt. Ergiebige Zielscheibe für jeden sowjetischen Raketenschützen. Jeder Schuß ein Treffer, kann gar nicht fehlgehen.

Immerhin haben die Osthessen noch ein Ziel für ihre Flucht. Anderswo kann es nur sicherer sein — relativ. Die Bedrohung war bekannt, nur: jetzt ist sie da. Das ist der lebenswichtige Unterschied, der aber politisch nicht genutzt wurde.

1914 mit Hurrah in den Krieg, 1939 ihn schweigend hingenommen, aber sehr aktiv, die Ärmel hochgekrempelt. Jetzt läuft das Volk um sein Leben. Wie immer die Deutschen den Krieg beginnen, es nutzt nichts. Sie bleiben die Dummen.

Auch Frankfurt und die anderen Großstädte werden abgeriegelt. Seit heute Lebensmittelmarken und Benzingutscheine. Geschäfte und Banken sind geschlossen.

Ob auch die Bevölkerung in der DDR und in der Tschechoslowakei ähnlich reagiert? Vermutlich genauso. Angst ist international und die Atomwaffen sind hüben und drüben weitgehend gleich.

Wieder glasklare Ortung von „moskaugesteuerten Saboteuren“ durch den Bundesinnenminister. Schärfstes Durchgreifen angekündigt. Die Bevölkerung Osthessens und Nordbayerns oder Ost-Niedersachsens solle sich nicht kopfscheu machen lassen. Sie sehe doch, daß alles zu ihrem Schutz getan werde. Truppen und Sicherheitskräfte hätten strikten Befehl, von der Schußwaffe Gebrauch zu machen, wenn der Aufmarsch „in eindeutig erkennbarer Sabotageabsicht behindert wird“. Straßen für Pendler, die zur Arbeitsstätte fahren, werden gekennzeichnet, die übrigen gesperrt. Das „normale Leben muß weitergehen“. Produktion aufrechterhalten. Wer arbeitet, kommt nicht auf dumme Gedanken.

Vom Verlagsportier in Frankfurt erfuhr ich, daß die Zeitung morgen nicht erscheinen wird. Kaum jemand habe sich in die Redaktion durchschlagen können.

5. August, Mitternacht

Wir haben spät abends noch ein Glas Wein getrunken. Zaghaftes Schellen an der Haustür. Zu unserer Verblüffung Besuch von Dr. Petzold. Sehr verlegen, Schweiß auf der Stirn, Taschentuch in der Hand. Viele Entschuldigungen. Wollte sich erst gar nicht setzen, hat ein Glas Wein aber sofort dankend angenommen.

Petzold ist Bundestagsabgeordneter, Hühnerfarmbesitzer, Sägewerkseigner, Vorsitzender der Kreistagsfraktion, im Landesvorstand, Kreisvorsitzender, Sportverein, Feuerwehr, Bauernverband, Handwerkskammer, Schutzgemeinschaft Deutscher Wald, Gemeindetag, Aufsichtsrat ... Vorstandsmitglied von 16 Vereinen, Verbänden, Organisationen, Institutionen. Oder sind es 18? Man nennt ihn den „König des Taunus“. Petzold pflegte Hof zu halten. Seine Sprechstunden waren Audienzen. Ohne ihn lief nichts. Dankbares journalistisches Objekt, denn in einem der Vereine war immer etwas los. Mein bester Feind, ich seiner auch: Handlanger Moskaus, Vertreter sowjetischer Weltmachtinteressen etc pp. Kleine, drahtige Figur, runde, stahlblaue Augen, Zähigkeit am starken Kinn ablesbar, Schuhe mit hohen Absätzen, nobles Rasierwasser, jeden Morgen Waldlauf, nebenbei Hometrainer und Swimmingpool. Immer fit, immer da. Phänomenal.

Jetzt machte er den Eindruck, als habe er die Orientierung verloren. Verstört, ständiges Wischen der Stirn mit dem Taschentuch. Keine Krawatte, das gab zu denken.

Seine beiden Söhne weigerten sich, dem Gestellungsbefehl nachzukommen. Sie seien von ihrer Mutter „aufgehetzt" worden. Eine Katastrophe. Die beiden seien abgehauen und hielten sich versteckt. Eine Katastrophe. Was werden die Bürger sagen, die Partei. Er habe seine Söhne immer zur Pflicht erzogen und zum Dienen. Privilegien verpflichteten. Man müsse sich am Gemeinwohl orientieren. Das sei stets sein Erziehungsgrundsatz gewesen. Jedes Gemeinwesen müsse erwarten dürfen, daß der einzelne seine Pflicht tue und seine Bringschuld einlöse. Sonst könne kein Staat existieren. Daß ausgerechnet seine Söhne sich dieser Verpflichtung entzögen, sei für ihn unfaßbar. Darüber werde er nie hinwegkommen. Er sei wie vor den Kopf gestoßen, denn das sei das Letzte gewesen, was er sich hätte vorstellen können.

Erste Reaktion bei mir: eine Frechheit. Aber dann tat uns der jammernde Mensch leid. Wir verstanden, weshalb er zu uns gekommen war: Er wollte, daß wir seine Söhne verteidigten. Wir sollten aber auch ihm sein Gesicht wahren helfen. Für den Mann war eine Welt zusammengestürzt, die Fassade der bürgerlichen Existenz. In diesem Sinne ließ sich das Verhalten der Söhne schon als Verrat empfinden. Wenn einem Blinden auf der Straße plötzlich Zweifel kommen, wird er hilflos. Petzold waren Zweifel fremd.

Ich sagte daher, daß das gewiß für ihn sehr betrüblich sei, da ich mir die Reaktion der Bürger gut vorstellen könne. Aber ich sei nicht in der Lage, ihm zu helfen. Da er die bisherige Politik ohne Wenn und Aber mitgetragen habe, und selbst jetzt noch die Möglichkeit der militärischen Verteidigung bejahe, dafür auch die Kosten und Opfer hinzunehmen bereit sei, müsse ihm natürlich das Verhalten seiner Söhne als

Pflichtverletzung, wenn nicht als Fahnenflucht vorkommen.

Petzold nickte gequält bei jedem Satz. Ob er denn bei seinen Söhnen jemals eine kritische Einstellung zur Sicherheitspolitik bemerkt habe, zumindest in letzter Zeit, oder gar Anzeichen von Pazifismus? Es komme ja oft vor, daß selbst erwachsene Söhne einen überraschenden Gesinnungswandel dem starken Vater gegenüber verheimlichten. Petzold verneinte entschieden: „Das ist es ja gerade! Das trifft mich wie ein Blitz aus heiterem Himmel! Auch die Frau! Die Frau!"

Dann war es eben doch Angst. Die Jungs, selber schon stramme Jungpolitiker, hatten die Hosen voll und waren getürmt. Verständlich, aber eben feige.

Tina dagegen sagte entschieden, es sei keine Schande, Angst zu haben, so starke Angst, daß man bürgerlichen Verhaltensnormen plötzlich nicht mehr gerecht werden könne. Es sei doch unser Unglück, daß den meisten Menschen erst jetzt die Augen aufgingen. Die Flüchtlinge aus Osthessen oder aus der Umgebung von Biblis hätten doch auch erst jetzt kapiert, was los sei, obwohl sie sich lange vorher ihre Situation in allen Einzelheiten hätten ausmalen können, wenn es einmal zur bewaffneten Konfrontation kommen sollte. Solange Wissen um eine Bedrohung nicht bewußt erlebt werde, bleibe sie folgenlos und werde verdrängt. Auch im Dritten Reich seien viele erst zum Widerstand gestoßen, als die Niederlage unabwendbar war. Vielleicht sei Marc und Lukas diese Erkenntnis auch gekommen. Vielleicht hätten sie jetzt ein Zeichen des Widerstands gegeben, das sie sich bisher nicht hätten leisten dürfen. Dabei schaute Tina Petzold ganz fest an. Stummes Nicken, ob aus Zustimmung oder Ratlosigkeit, blieb offen.

Mich überzeugte Tina nicht, aber Petzold schien etwas erleichtert.

Tina sagte weiter, daß man den Mut haben müsse, sich zu seiner Angst zu bekennen. Angst sei oft ein guter Ratgeber, reale Angst sei vernünftig. Helden seien meistens große Feiglinge. An Helden habe es uns Deutschen nie gemangelt, wohl aber an Leuten mit Zivilcourage. Am feigsten seien die Helden, die jetzt im Regierungsbunker in der Eifel säßen.

Petzold verabschiedete sich und ging, wie er gekommen war, sehr niedergeschlagen.

Tina und ich sprechen jetzt sehr oft über unsere Angst. Wo liegt die Grenze, ab der jeder allein bleibt? Tina sagt, eine Grenze gebe es nicht. Liebe sei stärker als Angst und Tod. Ich weiß es nicht. Aber auch diese Erfahrung steht unmittelbar bevor. Ich bewundere Tinas Kraft, über den Tod ganz ruhig zu sprechen, obwohl — oder gerade weil? — dieses Problem jetzt ganz aktuell und konkret geworden ist. Wir sind übereingekommen, uns die Freiheit des Sterbens zu bewahren. Aber noch habe ich das Gefühl eines unschuldig zum Tode Verurteilten, der in der Zelle wartet. Ich bezweifle, ob wir eine Vorstellung von dem haben, was uns bevorsteht. Gerade das aber macht die Angst noch unerträglicher.

Nach wie vor empfinde ich es für mich als wichtig, die Frage nach der „Notwendigkeit" bzw. „Zwangsläufigkeit" des Krieges zu durchdenken. Kant hatte gesagt, über Krieg und Frieden werde nach den Interessen — oder Launen — der Herrschenden entschieden. Er lebte im Zeitalter des Absolutismus, das „Staatsinteresse" war weitgehend das Interesse des regierenden Fürsten. Würde sich die republikanische Staatsform durchsetzen, würde der Krieg eliminiert und allensfalls als Verteidigungskrieg möglich. Die Völker wollten keinen Krieg, da die Opfer für sie meist größer seien als der mögliche Gewinn. Völker seien friedlich und wollten Frieden, ihr „Meisterstück". Krieg sei ein Akt wider die Vernunft. Praktische Vernunft und Ethik seien identisch.

Anders Freud. Krieg sei notwendig, weil der gesellschaftlich geforderte Triebverzicht bei jedem einzelnen zu Frustrationen und Aggressionsstau führe, die nach Entladung drängten. Krieg sei eine Folge der kulturellen Anstrengung und des Sozialisationsprozesses, dem der einzelne unterworfen sei. Die geforderte Disziplin, die moralischen Normen, das Ordnungssystem, Gesetze, Sanktionsdrohungen und Gratifikationen, hierarchische Gliederung, Unterordnung, Gehorsam usw. gingen zu Lasten der natürlichen Triebwünsche und Bedürfnisse des einzelnen, erzeugten zwar ein starkes Über-Ich, schwächten aber die autonomen

Ich-Kräfte. Ein „Unbehagen an der Kultur“ sei die Folge, wobei dem einzelnen als Möglichkeit des Protests wenig mehr übrig bleibe, als die in der öffentlichen Sphäre erlittenen Verletzungen und Demütigungen „privat“ zu bewältigen. So sind psychische Krankheiten, obwohl gesellschaftlich vermittelt, Privatsache. Äußern sie sich als kriminelle Handlungen, d.h. als unerlaubte Aggressionen, werden sie bestraft. Das Opfer wird noch einmal Opfer.

Freud sieht es daher als unvermeidlich an, daß dieser sich aufstauenden Aggressivität periodisch ein Ventil geöffnet wird, ehe sie gesellschaftlich gefährliche Formen annimmt, – und das wirkungsvollste Ventil ist der Krieg.

Krieg hätte demnach innergesellschaftliche Ursachen im Rahmen einer repressiven paternalistischen Kultur.

Marx steht zwischen Kant und Freud. Krieg sei einerseits eine Determinante der repressiven, ausbeuterischen Gesellschaftsstruktur des Kapitalismus, die zwar objektiv den Interessen der ausgebeuteten, unterprivilegierten Massen widerspreche, aber von den Massen gleichsam als Schicksal aktiv und passiv hingenommen werde, solange ihnen das gesellschaftliche Bewußtsein für die Zusammenhänge fehle. Andererseits sei Krieg aber ein bewußt gehandhabtes Instrument der kleinen kapitalistischen Klasse, die sich den Staat unterworfen hat, zur Sicherung ihrer Profitinteressen. Wenn das Proletariat durch einen revolutionären Akt die gesellschaftliche Macht übernommen haben werde, was ein unvermeidlicher Prozeß sei, werde der Krieg als geschichtliches Faktum verschwinden.

Mit Freud und Marx ließe sich das Phänomen erklären, weshalb 1914 die Massen mit taumelnder Begeisterung in den Krieg gezogen sind, Engländer und Franzosen ebenso wie Deutsche. Die Frustrationen, die Not, die Entbehrungen, die Unterdrückung, der vielfältige, unnachsichtig erzwungene Triebverzicht hatten das „Unbehagen an der Kultur“ zu einem gefährlichen Aggressionsstau anwachsen lassen, der leicht zu gesellschaftlichen Umwälzungen und Revolutionen hätte führen können.

Die Manipulation erscheint einfach, weil Aggressionsbereitschaft die Ich-Kräfte — Kant: die Vernunft — schon soweit geschwächt hat, daß eine verzerrte Realitätswahrnehmung möglich wird. Das rückentwikkelte, depravierte Ich geht im kollektiven Wahn auf. Was von der Moral, den Gesetzen, was innergesellschaftlich strengstens verboten war, das Töten, wird nicht nur erlaubt, sondern von den höchsten Autoritäten des Staates und der Gesellschaft buchstäblich abgesegnet und gefordert — als moralische, sittlich gerechtfertigte Handlung. Schuldgefühle werden zurückgedrängt durch die Überzeugung, für eine gute und gerechte Sache zu kämpfen: das Vaterland, die Religion, die Freiheit, den Schutz der Heimat. Und dementsprechend ist der Feind „böse" und „entmenscht".

Daher konnten junge Engländer ohne Skrupel Napalmbomben auf die argentinischen Altersgenossen werfen, während es den britischen Konservativen um die Verbesserung ihrer Wahlchancen ging und den argentinischen Militärs darum, von ihrem sozialen Versagen abzulenken; konnten junge Amerikaner vietnamesische Frauen und Kinder massakrieren, während es dem Imperialismus Washingtons um seinen globalen Führungsanspruch ging; konnten junge Deutsche „Bolschewiken" niedermetzeln, während es den Nazis um den Lebensraum im Osten ging; konnten 1914 - 1918 Bauernsöhne Arbeiterkindern zu Hunderttausenden das Bajonett in den Leib rammen, während es den Kohlebaronen und der Hochfinanz um Kohle- und Erzgruben in Frankreich und Belgien ging.

Hätten sich die jungen Leute in Friedenszeiten in einer Kneipe getroffen, hätten sie fröhlich miteinander gezecht und gegenseitig auf ihr Wohl getrunken.

Einem Clausewitz graute vor den durch Emotionalisierbarkeit leicht zu mißbrauchenden nationalen Massenarmeen. Die Möglichkeit des Mißbrauchs gefährdet die Funktion des Krieges als rationale Fortsetzung der Politik mit anderen Mitteln. Schon Moltke dagegen hielt den Krieg für einen Teil in Gottes Weltordnung und den Frieden für einen nicht einmal schönen Traum.

Geschichtlich ist Kants Hoffnung widerlegt worden.

Sind die Vereinigten Staaten von Amerika nicht eine Demokratie? Und dennoch haben sie in diesem Jahrhundert mehr Kriege geführt, führen lassen, waren an mehr Kriegen beteiligt oder untenehmen mehr militärische Interventionen als alle anderen Industriestaaten zusammen.

Auch Freuds Hoffnung auf die „leise, aber auf die Dauer unabwendbare Stimme der Vernunft" wurde nicht eingelöst. Die fatalen politischen, wirtschaftlichen, ökologischen, technischen, militärischen, gesellschaftlichen, sozialen, psychischen Folgen, die die modernen Industriegesellschaften erzeugten, waren nicht zu meistern. Nie war das Unbehagen an der Kultur größer als in den vergangenen drei Jahrzehnten, nie die psychische Verarmung deutlicher, nie die Perspektivlosigkeit signifikanter, nie die Zukunft schwärzer und bedrohlicher, trotz materiellen Wohlstands.

Und auch Marx erwies sich in der Realität letztlich als falsch. Der real existierende Sozialismus baute die repressiven paternalistischen Strukturen nicht ab, es blieb das „Unbehagen an der (nun eben kommunistischen) Kultur".

Nie war die Aggressionsbereitschaft stärker.

Drei Uhr morgens, kann nicht schlafen, obwohl ich totmüde bin. Die Sinne sind hellwach, aufgeputscht durch die Gefahr. Sinnloses Klagen. Aber diesen Zustand teile ich mit anderen, mit Millionen. Nicht einmal die Individualität im Leiden ist einem vergönnt. Kollektivleiden, Massenangst. Massentod, industriell hergestellt oder bewirkt. Konfektion.

Hiroshima. Vor noch nicht einmal 50 Jahren detonierte die erste Atombombe. Der Feuer- und Rauchpilz, der hunderttausend Menschen unter sich begrub, zeichnete die Vision der Menschheitsvernichtung an den Himmel. Die Vernunft erkannte die stärkste Zäsur in der Geschichte der Menschheit. Aber nur wenige waren zu der Einsicht fähig und sofort bereit, die Konsequenzen zu ziehen: Einstein, Oppenheimer, Born. Zu wenige. Die Atomwaffe wurde als Instrument für die Politik verfügbar gemacht, damit sie verhindere, was sie bewirken könnte: den Untergang der Menschheit.

Hiroshima und Nagasaki wurden wieder aufgebaut – ein fatales Symbol. Heute sind viele Militärs und Politiker überzeugt, daß ein weltweiter Atomkrieg zu überleben und zu gewinnen sei. Zu tragbaren Opfern und Kosten. Die Opfer von Hiroshima und Nagasaki waren letztlich auch „tragbar". Menschen sind beliebig reproduzierbar. Daß es der einzelne nicht ist, zeigt erst die Erfahrung des eigenen Todes.

Abschreckung. Nach Hiroshima wurde Abschrekkung vor Atomwaffen gefordert. Die Politik machte daraus eine Abschreckung mit Atomwaffen.

Verhängnisvoller Trugschluß, daß Instrumente für sich allein etwas bewirken oder etwas verhindern könnten. Alle Waffen entwickelten bisher Sachzwänge, die ihrerseits die militärische Strategie veränderten, die Sicherheitspolitik bestimmten und ein neues Kalkül in die Politik einbrachten. Die politisch und militärisch Verantwortlichen können sich diesen Sachzwängen nur fügen, halten aber an der Selbsttäuschung fest, sie beherrschten die Instrumente. Die Instrumente beherrschen sie und die Politik.

Schon der Steinzeitmensch mußte sich den Erfordernissen und „Sachzwängen" des Faustkeils oder des Bogens und des Wurfspeers anpassen, nachdem er sie einmal erfunden hatte, um einen bestimmten Zweck zu erreichen.

Niemand wird bestreiten, daß der wissenschaftlich-technische Fortschritt ein determinierter Prozeß ist, der sich aus der physiologischen Struktur des Großhirns ergibt. Alle 20000 Jahre vergrößert sich das Großhirnvolumen um einen Kubikzentimeter, seine Lern- und Speicherkapazitäten wachsen, die kombinatorischen Fähigkeiten nehmen zu. Entwicklungsgeschichtlich eine Explosion. Wissenschaftlich-technische Wunderleistungen sind die Folge. Die modernen Waffensysteme sind Wunderleistungen des Großhirns.

Aber das emotionale Vermögen des Menschen, das vermutlich in den älteren, konstant bleibenden Hirnpartien angesiedelt ist, stagniert. Angst, Haß, Mißtrauen, Neid, Besitzgier, Tötungswillen, Fanatismus haben sich durch die Jahrtausende hinweg nicht verändert. Sie brechen sich unmittelbar Bahn, kaum gesteuert oder kontrolliert von Intelligenz, Erkenntnis, Bewußtsein, Verstand oder Vernunft. Angst kann sich Intelligenzleistungen, etwa Waffen, verfügbar machen und für destruktive Zwecke verwenden, der Verstand kann barbarische Tötungsorgien rechtfertigen und rationalisieren. Dieselben Emotionen, die den Faustkeil des Steinzeitmenschen führten, lösen heute Interkontinentalraketen mit Mehrfachsprengköpfen aus. Kein Unterschied. Ein fataler bio-psychischer Widerspruch des Menschen. An ihm droht er zugrunde zu gehen.

Der Mensch ist nicht die Krone der Schöpfung, sondern ihr höchstentwickeltes Problem. Der Verstand und seine Leistungen haben die Psyche des Menschen überfordert. Eine Fehlmutation? Und wir, die wir noch atmen, fühlen, lebendig sind, werden gegenwärtig Zeugen, daß die Natur dabei ist, diese Fehlmutation durch Auslöschung der Art zu korrigieren. Unglücklicherweise erleben wir diese „Korrektur" am eigenen Leibe.

Das Menetekel Hiroshima wurde nicht begriffen. Es hat alles verändert, außer das menschliche Denken.

Aber gerade jetzt wollen die Völker keinen Krieg. Die Angst ist doch größer als das „Unbehagen an der Kultur". Warum vollzieht sich die Katastrophe dennoch mit dieser Unerbittlichkeit? Es ist ein Krieg gegen die Völker, gegen die Menschheit, gegen die gesamte Art.

6. August, mittags

Beim Versuch, in die Redaktion zu gelangen, nur bis zum Wiesbadener Hauptbahnhof gekommen. Dort Ende, keine Züge. Es hieß, die Eisenbahner seien nicht zum Dienst erschienen.

In den Straßen standen die Menschen. Sie standen einfach da, keine Aktionen, keine Bewegung, keine Plakate, keine Anzeichen eines Protestes. Die letzte Form, um das Leben zu betteln. Stumm, demütig, ergeben.

Mit dem Wagen nach Frankfurt. Sondererlaubnis. Auf der Autobahn viel Militär, endlose Kolonnen, vorwiegend amerikanische Fahrzeuge. Unter den Stahlhelmen verängstigte Gesichter. Festklammern an das automatische Gewehr. Einige der Buben bereits mit geschwärzten Gesichtern. Keine Tarnung, sondern eher der Wunsch, sich unsichtbar zu machen. Magische Funktion der Maske. Unverwundbarkeit.

Auch an der Hauptwache, auf dem Goetheplatz und auf der Zeil: Schweigende, wartende Massen. Fast wie in einer Kirche. Stummes Gebet. Kyrie eleison, Herr erbarme dich.

Als triebe das Schicksal seine sadistische Lust mit uns: Warum wird die atomare Bedrohung erst jetzt begriffen, da sie unabwendbar erscheint? Warum nicht schon vor vier oder fünf Tagen? Warum nicht vor ein paar Monaten, Jahren? Die beiden entsetzlichsten Wörter, die es gibt: zu spät.

Die atomare Realität hat das menschliche Denken überfordert. Unmöglich, im Hyperlativ zu denken – und zu fühlen. Maschinengewehre, Panzer, Artillerie, Flugzeuge, Flächenbombardements wie Dresden oder Hamburg, Schlachten wie Stalingrad oder Monte Cassino, Massenschlächtereien: noch begreifbar, noch von der Erfahrung zu bewältigen, ohne verrückt zu werden.

Was aber ist eine 10-Megatonnen-Bombe? Ein Abstraktum! Furchtbar zwar, vielleicht ein doppeltes Hiroshima, ein vierfaches Dresden. Aber man kann mit ihm leben ... Dieses Abstraktum sind zehn Millionen Tonnen Sprengstoff. Abgepackt in Kubikmeterwürfeln die Strecke von 10 000 Kilometern, Frankfurt – San Francisco. Die dreifache Vernichtungswirkung aller im Zweiten Weltkrieg zur Explosion gebrachten Bomben und Granaten. Nutzloser Beschreibungsversuch. Eine 10-MT-Bombe bleibt ein Abstraktum, weil von kosmischer Dimension. Die Hölle ist nicht vorstellbar.

Das Versagen der Phantasie und des Vorstellungsvermögens kam den Militärs und Politikern, die auch keines von beidem haben, zugute. Aber sie boten Begriffe an, die begreifbar waren: Abschreckung, Kriegsverhütung, Verteidigung, Verteidigungsfähigkeit, Freiheit, Gleichgewicht. Verteidigungsminister Wörner, 1983: „Wer von einem Krieg abschrecken will, muß ihn kämpfen können." Das verstand jeder.

Letztlich ist die Friedensbewegung gescheitert, weil

sie die Plausibilität dieser Begriffe aus der Alltagserfahrung nicht widerlegen konnte. Die Sprache kennt nur erfahrene Begriffe. Inferno, Katastrophe, Apokalypse: das ist Hiroshima, Dresden, Zweiter Weltkrieg — sie vermitteln keine Vorstellung des tatsächlich Kommenden. „Untegang der Menschheit" übersteigt die Phantasie. Unvorstellbar. Erzeugt daher keine Angst, jedenfalls keine, die politisch wirksam wird. Aufklärung, das Heraustreten des Menschen aus selbstverschuldeter Unmündigkeit, hat ihre Grenzen.

Noch vor ein paar Tagen wäre die Beteiligung der Bundesregierung an der Katastrophe zu verhindern gewesen. Durch spontanen Generalstreik und Blockaden. Jetzt läuft der Militärapparat von alleine, ohne das Volk und gegen das Volk.

Moltke: „Der ewige Frieden ist ein Traum, und nicht einmal ein schöner, und der Krieg ein Glied in Gottes Weltordnung. In ihm entfalten sich die edelsten Tugenden des Menschen, Mut und Entsagung, Pflicht, Treue und Opferwilligkeit, mit Einsetzen des Lebens. Ohne den Krieg würde die Menschheit im Materialismus versumpfen.

45 Jahre später Ludendorff: „Der totale Krieg erfordert, die seelische Kraft zu haben, den Selbsterhaltungswillen in sich selbst zu überwinden."

15 Jahre später Goebbels: „Wollt ihr den totalen Krieg?"

Abermals 50 Jahre später: Der wirklich totale Krieg, der letzte Krieg in einer endlosen Kette von Kriegen, steht unmittelbar bevor. Ist so gut wie unausweichlich.

6. August, abends

Am frühen Nachmittag erscheinen drei Herren des Bundesinnenministeriums und des Verfassungsschutzes in der Redaktion. Wieder sehr höfliche Beamte. Wieder ganz Funktion und Auftrag, die berühmten kleinen Rädchen, die die Maschine in Gang halten. Die Lage erfordere, wehrzersetzende oder die Bevölkerung beunruhigende Artikel, vor allem Kommentare, zu verhindern. Frage des zornbebenden Chefredakteurs: „Mit welchem Recht?" Antwort: „Wir haben unsere Weisungen! Notstandsrecht! Sie wissen ja, vor drei Jahren novelliert." Extra für diesen Fall. Voraussicht, Vorhersehung, Vorsehung. „Meine Herren, machen Sie bitte keine Schwierigkeiten!"

Wir fühlen uns gedemütigt, entmündigt. Erfahren unsere Ohnmacht als Journalisten auf dreifache Weise: durch die Anwesenheit der Zensoren; dadurch, daß wir zu spät das Richtige versuchten; dadurch, daß wir auch beizeiten wahrscheinlich nichts bewirkt hätten.

Jetzt gibt es keinen Unterschied mehr zu Ludendorff, der in „Der totale Krieg" schrieb: „Schärfste Zensur der Presse, verschärfte Gesetze gegen Verrat militärischer Geheimnisse, Sperrung des Grenzverkehrs, Versammlungsverbote, Festnahmen wenigstens der Häupter der 'Unzufriedenen', Überwachung des Rundfunkwesens, weil 'Unzufriedene' oder böswillige Saboteure ... die Geschlossenheit des Volkes nicht aufkommen lassen oder gefährden wollen. Ebenso notwendig ist es auch, daß gegen sie in höchstem Ernst und größter Schärfe durchgegriffen wird. Es geht um des Volkes Erhaltung."

Die Herren nahmen diese Passage interessiert zur Kenntnis. Ludendorff sei immerhin einer unserer größten Generäle gewesen. Hat mit Hindenburg die Russen bei Tannenberg geschlagen und die russische Dampfwalze bei den Masurischen Seen gestoppt.

Die Verlagsleitung beschließt, trotz Zensoren die Zeitung weiter herauszubringen. Mehrere Kollegen weigern sich und fahren nach Hause.

Sehr rasch große Ratlosigkeit der drei Herren, welche Nachrichten gemeldet werden sollen.

Wozu überhaupt noch Nachrichten? Wozu Kommentare? Die öffentliche Meinung besteht nur noch aus Hoffen und Beten und Zittern.

Auch bei den deutschen Nachrichtenagenturen sitzen offenbar Zensoren. Die Nachrichten sind frisiert. Die Lage ist aber von ausländischen Agenturen und Rundfunkmeldungen sowie den Telefonberichten unserer Korrespondenten zu erfahren.

Die Bevölkerung Osthessens ist mittlerweile städteweise in die Wälder geflüchtet oder irrt auf den Straßen umher. Gerüchte: Soldaten und ganze Bundeswehreinheiten sollen sich geweigert haben, die verstopften Straßen freizuschießen. Dennoch unbeschreibliche Szenen. Zuerst Versuche, mit schwerem Räumgerät Pkws in den Straßengraben zu schieben. Dann rollten die Panzer einfach weiter und über alles hinweg, was im Wege stand.

Das Volk wird mit aller Gewalt gezwungen, sich verteidigen zu lassen.

In der Zeitung wird morgen zu lesen sein: „Nach anfänglicher, von Saboteuren geschürter Unruhe zeigte die Bevölkerung volles Verständnis für die in ihre Bereitstellungsräume einrückenden Verbände." In Funk und Fernsehen derselbe Quatsch. Famose Kooperation, dieselbe Wellenlänge.

Der Chefredakteur ist aus seinem Zimmer ausgezogen. Seine Backen hochrot vor ohnmächtiger Wut. Wenn er das schon vor ein paar Tagen gewußt hätte.

Der Versuch, in der Mittagspause längst überfällige Briefe zu beantworten, mißlang. Jeder Brief wäre ein Abschied oder ein Kondolenzschreiben geworden. Andererseits reiße ich jeden Brief an mich begierig auf: Die gleiche Verzweiflung! Aber ist die mitteilenswert? Ich werde mich dennoch zum Schreiben zwingen. Einfach sagen, daß man auch vor Angst festgenagelt ist und nicht von der Stelle kommt. Jeder versteht jetzt jeden, aber diese Gemeinsamkeit läßt jeden dennoch einsam. Man müßte sein wie jener Kapuzinermönch, den ich einmal in der herrlichen, von Domenikus Zimmermann gestalteten Klosterkirche in Buxheim traf: Er sei jederzeit bereit. Ob er zu Tisch gehe oder in den Tod, sei einerlei. Er sei in jedem Augenblick auf alles vorbereitet.

Die Bundesregierung deutet an, daß ein Notevakuierungsplan geprüft werde, um die Bevölkerung aus den „gefährdeten Gebieten" in den Süden und Westen der Bundesrepublik zu bringen. Was für ein Blödsinn. Wie will man zehn Millionen Menschen in wenigen Tagen evakuieren? War denn nicht absehbar, daß die Bevölkerung nicht brav in ihren Häusern sitzen bleiben würde, um am heimischen Herd zu sterben? Ich versuche mir vorzustellen, was in den Hirnen bürokratischer Militärs und Politiker vor sich ging, als sie diese „Verteidigungsszenarien" entwarfen. An die Bevölkerung in Osthessen, Niedersachsen und Nordbayern können sie keinen Gedanken verschwendet haben. Die wurde wohl gleich als Preis für die Freiheit abgehakt.

Die Zensoren verlangten, mit der Nachricht aufzumachen, die NATO habe dem Warschauer Pakt ein umfassendes Verhandlungsangebot unterbreitet. Es solle nicht zum Äußersten kommen. Der Aufmarsch solle durch verifizierbare Kontrollen gestoppt werden mit der Aussicht, die Truppen 80 km von den Grenzen zur DDR und zur CSSR zurückzuziehen.

Wir fragten die Herren, welchen Sinn ein solches Angebot, das wohl als vertrauensbildende Maßnahme gedacht sei, haben könnte, da doch der Aufmarsch im Nahen und Mittleren Osten weitergehe und die Amerikaner dabei seien, den letzten Widerstand auf Kuba mit Napalm zu brechen. Es werde ja schon gekämpft. Die Sowjets müßten das ja als Trick empfinden. Drei Millionen Mann von ihnen würden in Europa gebunden, während die Amerikaner in Äthiopien, Nordjemen und Kuba sie bekämpften. Man müßte den Rückzug als einseitige Maßnahme durchführen.

Die Herren setzten sich durch. Aber sie fanden niemanden, der ihnen einen Kommentar geschrieben hätte. Der Leitartikel schließlich per Fernschreiber aus dem Verteidigungsministerium: Ruhe, Zuversicht, notwendige Maßnahmen, Verbündete treu an unserer Seite, es geht um die Freiheit. Den Satz „Wir müssen diesen Konflikt jetzt durchstehen, damit die ständige, latente Bedrohung des freien Westens ein Ende hat, unter der wir in all den Jahren leben mußten", haben sogar die Zensoren gestrichen. Mein Angebot, einen Kommentar zum Jahrestag des Atombombenabwurfs auf Hiroshima zu schreiben, wurde abgelehnt.

Der Aufmacher im Lokalteil ist eine Reportage über die nach wie vor überfüllten Kirchen. Die Menschen drängen sich in den Schatten des Kreuzes, das freilich jeder trägt. Die Pfarrer müssen die Anwesenden bitten, doch auch für die draußen wartenden Platz zu machen. Das Trostbedürfnis ist unstillbar. Scharfe Abrechnung der meisten Pfarrer mit den Politikern, Sicherheitsexperten, Militärs und Aufrüstern. Das Drohen mit Atomwaffen sei schon eine Sünde gewesen, aber was jetzt geschehe, sei Gotteslästerung und der völlige Abfall von Gott. Es ist die Stunde der Kirche. Sie vermag jetzt Trost zu spenden oder die Menschen zumindest gefaßter zu machen. Wir können das nicht. Warnung der Bundesregierung vor zersetzenden Predigten.

Die überforderten Zensoren übersahen den Bericht. Bin neugierig, was sie morgen sagen werden. Falls sie morgen noch Zeit haben, zu erscheinen.

Die amerikanische Aufklärung meldet, in Ostsibirien seien die sowjetischen Raketentruppen in volle Gefechtsbereitschaft versetzt worden. Ziel der neuen SS-20-A könne nur Japan sein. Das Weiße Haus warnt den Kreml vor weiteren Eskalationsschritten. China erklärt völlig überraschend seine strikte Neutralität, hält die Raketen jedoch ebenfalls gefechtsbereit. Besorgnis im Westen, ob China jetzt nicht voll an die Seite der Sowjetunion überschwenkt, nachdem der Generalstabschef einen solchen Schritt energisch gefordert hat: Angesichts des unvermeidlichen Existenzkampfes zwischen Sozialismus und Kapitalismus könne es keinen Zweifel darüber geben, an welcher Seite der Platz Chinas sein müsse.

Die sowjetischen strategischen U-Boote nehmen mit ihren Tausenden von Nuklearsprengköpfen Kurs auf die heimatlichen Gewässer. Im Bereich der sowjetischen Küsten sind sie vor der amerikanischen U-Boot-Abwehr besser zu schützen, können mit ihren Raketen aber dennoch jeden Punkt in den USA treffen. Ohne Zweifel läuft die sowjetische Generalmobilmachung auf Hochtouren. Aus Kreml-Sicht eine absolute Notwendigkeit. Moskau fühlt sich von den über 400 amerikanischen Stützpunkten, von denen aus sofort operiert werden könnte, eingekreist. Die USA haben die besseren Karten, können nach Belieben Fronten eröffnen und Überraschungsangriffe starten. Die sowjetische Position und Verteidigungskonzeption muß derart kompliziert sein, daß koordinierte militärische Operationen trotz verbesserter Zentralisierung der Führung kaum denkbar erscheinen. Daher wächst die Gefahr, daß rasch Atomwaffen eingesetzt werden. Jetzt zeigt sich, daß die Sowjetunion wegen der ungünstigen geostrategischen Lage niemals hätte umfassend offensiv werden können.

Andererseits haben die USA keine großen Möglichkeiten, ihre Armee bei Bedarf zu vergrößern. In einer Berufsarmee fehlen Reservisten. Die ungünstige Lage der Sowjets und fehlende Möglichkeiten der Amerikaner, Verluste auszugleichen, machen Nukleareinsatz so gut wie unausweichlich.

Uli Löwith richtet sich an dem Hinweis auf, daß meine Befürchtungen bis jetzt noch nicht eingetreten seien. Die Sowjets hätten noch nicht gegen die Basen der Pershings und Cruise Missiles zugeschlagen. Sie warteten trotz des Risikos, daß die Amerikaner als erste feuern. Das lasse doch die Hoffnung nicht abwegig erscheinen, daß sich beide Seiten ihres Risikos bewußt seien. Vielleicht funktioniere die Abschreckung doch noch. Klammern an Strohhalme. Prinzip Hoffnung, sonst würde man das Sitzen unter dem Damoklesschwert nicht ertragen, während der Faden zusehends dünner wird.

Die Bedrohung kommt von Außen, die Kriegsschauplätze sind zu einem einzigen integriert. Die Frage nach einem Kriegsgrund in Europa stellt sich nicht mehr. Der Kriegsgrund sind die Waffensysteme selber, sie verlangen den Entscheidungskampf, weil ihre Entwicklung an diesem Punkt angelangt ist. Politiker und Militärs vollziehen lediglich diesen Entscheidungskampf.

Welch verantwortungsloser Dilettantismus der Europäer, sich so in die Geiselhaft der beiden Supermächte begeben zu haben. Seit 1984 blieb nur noch Beten, daß die beiden nicht irgendwo in der Welt militärisch zusammenstoßen, weil wir sonst sofort in den Strudel mit hineingerissen würden — gegen unseren Willen, gegen unsere Interessen, aber ohne Chancen militärischen Schutzes. Die Fesselung an die Amerikaner hat Bonn jahrelang als „Ankoppelung an das strategische Potential der USA“ verkauft. Abschreckung der Sowjets werde dadurch größer. Mit den Pershings „haften die Vereinigten Staaten von Amerika mit ihrer nationalen Existenz für die Sicherheit Europas“. Im Weißen Haus muß von Zeit zu Zeit homerisches Gelächter über diese blöden Europäer ausgebrochen sein. Die Amerikaner dachten nie daran, sich die Optionen aus der Hand nehmen zu lassen, die Pershings, die MX, Midgetmans, Tridents oder sonstwas für Raketen nach ausschließlich ihren Interessen zu gebrauchen. Wir haben nur geglaubt, sie würden uns schützen. Aber wie schützen? Als ob je ein US-Präsident die amerikanische Nation Europas wegen opfern würde. Wozu auch, wenn es Europa nicht mehr gibt? Wie verteidigt man einen toten Freund?

Die Amerikaner sind mit der Stationierung dieser verdammten Waffen nicht das geringste Risiko eingegangen — „use them or loose them, we'll see" —, aber Europa das totale.

Die Sowjets können damit rechnen, daß die Amerikaner keine einzige MX abfeuern, wenn sie hier die Pershing- und Cruise-Missile-Stellungen ausradieren. Alle Annahmen kehren sich jetzt gegen uns: Kurze Flugzeiten der Raketen, Treffsicherheit, Ersteinsatz- und Enthauptungsoptionen und die Drohung, daß die NATO, d.h. die USA, für die Sowjets nicht berechenbar erscheinen dürfe. Was bleibt den Sowjets anderes übrig, als loszuschlagen, wenn sie nicht wissen, wie die Amerikaner reagieren werden? Das Politbüro in Moskau ist bereit, Selbstmord zu begehen. Aber erst nach den Europäern.

Beide Militärbündnisse sind ausschließlich auf die Interessen der beiden Führungsmächte zugeschnitten. Die Alliierten sind nur Kanonenfutter. Raketenfutter. Schießplatz. Nicht die NATO-Staaten sitzen hier in einem Boot und die Warschauer-Pakt-Staaten sitzen dort in einem anderen. Die atomaren Habenichtse sitzen alle gemeinsam in dem Nachen des Charon, der sie in die Unterwelt bringt: Deutsche, Holländer, Belgier, Italiener, Engländer und Polen, Tschechoslowaken, Ungarn, Bulgaren. Die beiden Großen sitzen zusammen auch in einem Boot, aber jeder in einem anderen und alleine. Wenn unseres versunken ist, können sie sich immer noch einigen und ihre Haut retten.

Von ein paar Männern, die nicht mehr zurück können, hängt das Schicksal des Globus ab. Auch meines, der ich gerade am Schreibtisch sitze und meine Ohnmacht in einem Tagebuch hin und her wende. Tagebücher pflegt man erst nach dem Tod des Schreibers zu lesen. Dieses Tagebuch wird niemand lesen.

Der Versuch der Natur, ein denkendes Wesen zu

schaffen, endet reichlich banal. Es gibt Verbrechen, die größer sind als die Menschen, die sie ausführen. Das größte vorstellbare Verbrechen wird von Leuten ausgeführt, die gar keine Verbrecher sind, sondern moralisch und intellektuell belanglos. Der letzte Überlebende wird ein Sicherheitspolitiker sein, der stammelnd feststellt: „Das hätte nach unseren Erwartungen eigentlich nicht passieren dürfen."

Die Atomwaffen und Zielcomputer werden keinen Unterschied machen zwischen Frauen und Kindern, Kranken und Alten, Guten und Bösen, Friedlichen und Aggressiven, Östlichen und Westlichen, Sozialisten und Kapitalisten, Frommen und Atheisten. Wenn die Kriegsmaschine erst einmal läuft, existieren nur noch einprogrammierte Ziele und Gegner, die eliminiert werden müssen. Millionen Menschen und ihr Schicksal schrumpfen zu einem Abstraktum zusammen, zu gegnerischen Ressourcen und Potentialen.

Die Militärs und Politiker auf beiden Seiten müßten dazu verurteilt werden, sich das Inferno, das sie anzurichten im Begriffe sind, hinterher mehrmals und immer wieder anzuschauen.

Wir schusterten die Zeitung zusammen. Aber die Herren Zensoren waren zu fleißig, es blieben weiße Flecken, obwohl auf jeder Seite eine Eigenanzeige steht. Einer fingerte schließlich aus seinem Aktenkoffer einen vorbereiteten Artikel hervor über die treffliche UNO-Konvention, daß Kulturgüter zu schützen seien. Die Frontkommandeure auf beiden Seiten wüßten anhand von sorgfältig ausgearbeiteten Listen, daß sie wichtige Kulturdenkmäler nicht zerstören dürften.

Ein makabrer Scherz? Das seit Tagen erste schallende Gelächter in der Redaktion, richtig befreiend, erfror den meisten freilich bald auf den Lippen.

Die Herren waren zwar verlegen, die Redaktion erkannte aber die Chance. Karl Wieners erbot sich, einen Kurzkommentar zu schreiben, was akzeptiert wurde.

Wieners: Bemerkenswertes, hoffnungsvolles Zeichen von Humanität beider Seiten, sich ihre Museen, Barockkirchen und gotischen Kathedralen nicht gegenseitig zu zerstören. An diesen Denkmälern könnte sich die Moral der dezimierten Bevölkerung nach einem

Krieg wieder aufrichten. In der dann herrschenden Tristesse würden sie nicht nur als Symbole einer guten alten Zeit verstanden werden, sondern mehr noch als Verheißung einer kommenden. Kulturgüter seien per definitionem langlebig, was man vom Menschen bekanntlich nicht sagen könne. Er sei leider kein Kulturgut, mithin nicht schützenswert. Ob er 20 Jahre lebt oder 80 – was bedeutet dies schon im Angesicht der Ewigkeit? –

Im übrigen sei der Mensch, im Gegensatz zum Kulturgut, relativ beliebig reproduzierbar, – sofern nur einige übrigblieben –, was allein schon seinen Wert mindere. Außer Adam und Eva sei schließlich kein Mensch unersetzbar gewesen.

Nach Redaktionsschluß blieben wir noch zu einem Glas Bier zusammen. Chronisch gewordene deprimierte Stimmung. Jeder hatte wohl das Gefühl, seinen Ausstand zu geben. Die Vorstellung fiel schwer, jemals geflachst, Witze gerissen, gelacht, debattiert, gestritten zu haben. Wie rasch unsere Arbeit jeden Sinn verloren hat. Als Charly Lang fragt: „Jungs, was werdet ihr machen?" Achselzucken, Starren ins Bierglas. Aber die simple Frage wirkt doch wie ein Stich ins Herz. Die Angst sitzt bleiern und kalt im Bauch und blockiert allmählich das Luftholen.

Wenn man alleine ist, wird der Gedanke an das Ende begreifbarer. Die Anwesenheit von Freunden läßt ihn absurd erscheinen. Noch sind sie ja unversehrt und gesund, man kann sie anfassen. Die Vorstellung, daß wir alle bald so aussehen werden wie die Opfer von Hiroshima – mit geplatzter Haut, verdampften Augäpfeln, gebrochenen Gliedern oder langsam an unaufhaltsamen inneren Blutungen krepierend –, bleibt makaber theoretisch.

Kaum einer wird morgen noch kommen. Die Arbeit unter Zensur wird abgelehnt. Sollen sie sich die Presse selber machen. Hatte ja schon längst keinen Zweck mehr.

Langer Abschied. Zwischen der eigenen Angst ist noch Platz für Mitleid mit den Freunden. Umarmungen. „Mach's gut und viel Glück!"

Auf der Heimfahrt stieß ich beinahe mit einem Militärlaster zusammen.

Ich bin innerlich aufgewühlt. Das Auslöschen wird total sein, ohne Erinnerungsspuren. Niemand, der sich an einen wird erinnern können. Hinnehmen zu müssen, einfach ausgelöscht zu werden, ist entwürdigend, weil es ohne Sinn ist, weil nichts daraus neu entsteht. Wie Schlachtvieh. Es stirbt ohne Würde, als Ware und Zweck. Wir sind aber nicht einmal Ware und Zweck. Nicht einmal dieser Sinn bleibt. So verloren zu sein, und nicht die Kraft zu haben, es zu beklagen.

6. August, Mitternacht

Gegen Abend tauchten fremde Leute in Taunusrodt auf, darunter viele Kleinkinder. Sie kamen aus der Richtung von Idstein, erschöpft und hungrig, die Kinder fallen ihnen aus den Armen. Sie hätten sich aus der Gegend von Bad Neustadt und Mellrichstadt hierher durchgeschlagen. Warum denn das? Weil es überall nach Krieg aussehe. Vorgestern Nacht seien sie losgefahren, aber bald in einen Stau geraten. Streifen der Bundeswehr und der Amerikaner hätten kein Fahrzeug durchgelassen, erzählt ein hagerer, langer Mensch emotionslos, als berichte er etwas Selbstverständliches. Da seien sie eben zu Fuß weiter, immer nach Westen, weg vom Krieg. Nach Frankfurt hätten sie nicht gewollt.

Ja, was nun? Bürgermeister Hofmann, den man eigens herbeigeholt hatte, schwankte zwischen Ärger, wie gegenüber fahrendem Volk, und dem Gespür, daß sich hier möglicherweise eine Tragödie ankündigte. Ob sie denn Geld hätten? Sie könnten ja im Gasthof wohnen. Sie hätten ihre Ersparnisse dabei, erwiderte der Hagere und zog sein Portemonnaie aus der Tasche, wie um sich zu legitimieren. Aber lange werde es nicht vorhalten. Sie seien Flüchtlinge, meinte er, als gäbe es schon einen Flüchtlingsstatus. Es sei nicht mehr zum Aushalten gewesen. Überall Militär, überall Waffen, Kanonen, Panzer. Da kann man sich leicht denken, was kommt. Schließlich wies man sie im „Weißen Hirschen“ ein. Hofmann will morgen den Gemeinderat befragen. Er war sichtlich ratlos. Daß es keine Touristen waren, die Taunusrodt besuchten, war klar. Aber schon Flüchtlinge?

7. August, mittags

Der erste Luftschutzalarm. Die Sirenen in Taunusrodt haben einen eher gemütlichen Klang. Wir stürzten aber in den Keller, als Jagdbomber jaulend im Tiefflug über den Ort donnerten. Tornados der Bundeswehr.

Den Grund für den Alarm erfuhren wir eine Stunde später. Die ersten Atombomben sind explodiert! Amerikaner und Sowjets bekämpfen sich mit Nuklearwaffen. Die Schwelle ist überschritten. Das Tor zum Nichts ist aufgestoßen. Die Abschreckung hat versagt. Letzter Akt des Dramas „Menschheit". Ein kurzer Akt. Ich glaube, ich habe kein einziges Mal geatmet, während ich die BBC-Nachrichten hörte.

Die Amerikaner haben die sowjetischen Basen in Äthiopien und im Nordjemen mit taktischen Atomwaffen restlos vernichtet. Gleichzeitig drohen sie, die in Pakistan vormarschierenden Truppen der Roten Armee atomar anzugreifen. Gerüchte, sowjetische Luftlandetruppen hätten die wichtigsten Erdölfelder in Saudi-Arabien besetzt. Einheiten der schnellen Eingreiftruppe der USA sollen ebenfalls dort gelandet sein.

Die Sowjetunion blieb die schreckliche Antwort nicht schuldig. Oder griffen sie als erste zu den Atomwaffen? US-Stützpunkt Diego Garcia mit zwei SS-20-Raketen von der Erdoberfläche radiert. Auch Okinawa und Subic Bay soll es nicht mehr geben. Riesige Verluste.

Sowjetischer Brückenkopf auf Hokkaido. Der „unsinkbare Flugzeugträger Japan" wird geentert. Japanische Luftwaffe in wenigen Stunden zerschlagen. Amerikaner greifen zur Vergeltung sowjetische Stützpunkte auf der Insel Sachalin an.

Nun gibt es keinen Zweifel mehr, daß der Krieg auch nach Europa durchschlägt. Fatale Logik der Atomwaffen: Sie beenden den lokalen Krieg mit einem Schlag, daher brauchen sie stets neue lokale Kriegsschauplätze. Äthiopien und Nordjemen, Diego Garcia, Subic Bay und Okinawa sind abgehakt. Wo eine Atombombe explodiert, ist der Krieg zu Ende. Endgültig.

Versuche, militärische Operationen mit konventionellen Waffen durchzuführen oder Siege zu erringen, können in wenigen Minuten zunichte gemacht werden. Konventionelle Armeen sind zu nichts mehr nütze, außer, daß sie als Stolperstein für den atomaren Schlag dienen. Die konventionell „siegende" Armee zieht ihr Verhängnis erst recht auf sich — und auf das Land, in dem gekämpft wird. Der konventionelle Kampf ist nur noch Ritual und Vorspiel für den Atomschlag, vielleicht auch als Rechtfertigung gedacht.

Warum nur muß diese Erkenntnis in einem wahnwitzigen Experiment bewiesen werden? Für Europa müssen jetzt die Beispiele Äthiopien und Diego Garcia, Jemen und Okinawa Beweis genug sein. Ein Experiment genügt doch. Jetzt aufhören, die Truppen zurückziehen, den Aufmarsch rückgängig machen. Es ist militärisch nichts zu gewinnen.

Zu spät. Europa hat abgedankt. Es hat sich den Supermächten als Experimentierfeld angeboten und spielt diese Rolle mit unheimlicher Lust am Untergang weiter bis zum Ende. Ich muß an Thomas Manns „Briefe Todgeweihter" denken, an die Stelle: „Wir leben in einer Welt, deren intellektueller und moralischer Unzulänglichkeit das Schicksal Zerstörungswaffen von scheußlicher Rasanz anvertraut hat, die man aufstapelt unter der schwachsinnigen Drohung, 'wenn es denn sein muß' die Erde in eine von giftigen Dünsten umhüllte Wüste zu verwandeln."

7. August, abends

Erst am späten Nachmittag wurde bekannt, daß sich die Familie Steffenhagen vergangene Nacht umgebracht hat. Vier Kinder, das älteste 12 Jahre, das jüngste sieben Monate. Steffenhagen war Lehrer. Ein guter Freund von mir. Kein Abschiedsbrief, aber das Motiv ist allen klar. Die ersten Aussteiger. Niedergeschlagenheit und wieder diese rasende Wut. Das Blut dieser Familie komme über diese Politverbrecher! Von Haß und Tötungswunsch geschüttelt treten mir die Tränen in die Augen. Welche Wollust, ein Maschinengewehr zu haben und alle diese Bürokraten, Berater, Politiker, Militärs, Sicherheitsexperten stünden vor mir. Ohnmächtige Phantasien, die nicht befreien. Sinnloses Sichauflehnen. Ich möchte nach Hilfe schreien und ersticke an dieser Ohnmacht.

Tinas seelische Stärke scheint unerschöpflich. Aber es ist ihr anzusehen, daß sie die letzten Reserven mobilisiert. Grenzenlose Trauer liegt über ihrem Gesicht, die wunderbaren Augen glanzlos.

7. August, Mitternacht

Gibt es eine soziokulturelle Vererbung elitären Verhaltens? Gemeinsames Merkmal: Kriege werden mit dem Einsatz aller Mittel total und mit höchstmöglicher Brutalität geführt, wenn vorher feststeht, daß die siegreiche Elite die Existenz der unterlegenen vernichten wird. Über Jahrtausende war dies die Regel. Der Sieger rottete gnadenlos die Existenz des unterlegenen Adels der herrschenden Schichten aus, verjagte sie oder verkaufte sie in die Sklaverei. Im Rom der Kaiserzeit kämpften Fürstensöhne als Gladiatoren in den Arenen.

Der Sieger mußte so handeln, weil nur die herrschende Klasse ein Volk zu militärischer Aktion organisieren konnte. Solange sie existierte, stellte sie eine Bedrohung für den Eroberer dar. Großmut war gefährlich und eine Gefühlsduselei. Der Adel beider Seiten wußte um sein Schicksal, falls er den Krieg verlieren sollte, er kämpfte daher bis zum Äußersten. Lieber auf dem Schlachtfeld sterben als hingerichtet zu werden, im Kerker zugrunde zu gehen oder in der Sklaverei zu enden. Im Krieg hatten die herrschenden Schichten alles zu verlieren: Macht, Herrschaft, Besitz und die physische Existenz. Die herrschende Klasse war das Vaterland. Noch im 18. Jahrhundert waren die Begriffe „Nation" und „Adel" Synonyma. Die französischen Revolutionäre köpften „die Nation". „Süß und ehrenvoll ist es, fürs Vaterland zu sterben" bringt die Interessen der Eliten zum Ausdruck, nicht die von Völkern. Totaler Krieg bedeutet auch totalen Sieg und totalen Gewinn. Diese Aussichten milderten das Kriegsrisiko.

Die Ägypter erschlugen die nubischen Stammesfürsten samt ihren Familien, das Volk Israel schlachtete den Adel der besiegten Völker ab, die Römer verkauften die gefangenen thrakischen, parthischen oder germanischen Edlen in die Sklaverei oder machten, wie Cäsar in Gallien, kurzen Prozeß. Karl der Große ließ den sächsischen Adel bei Verden an der Aller köpfen, die spanischen Conquistadoren bemächtigten sich als erstes der indianischen Fürsten.

Erst als sich der europäische Adel gegenseitig die Gefahr der Existenzvernichtung nahm, wurde der Krieg „zivilisierter". Die Kapitulation wurde möglich, das Verheizen einer Armee nicht nur ein Verbrechen, sondern, schlimmer noch, sträfliche Dummheit. Aus ihren Resten konnte man eine neue aufbauen. Aber Hobbes beschrieb sehr treffend, wie sich Könige und Fürsten ständig mißtrauisch wie Gladiatoren beäugten. „Sie richten ihre Waffen gegeneinander und lassen sich nicht aus den Augen, sie haben ihre Festungen, Garnisonen und Geschütze an den Grenzen ihrer Reiche und ihre ständigen Spione bei ihren Nachbarn. Das ist eine kriegerische Haltung." Es war wohl auch Abschreckung, die aber wirkungslos wurde, wenn sich eine Chance zum Sieg bot. Und die bot sich immer.

Hitler und die Nazis kehrten wieder zur barbarischen Praxis der Existenzvernichtung zurück. Nicht nur die Juden, auch die polnische und sowjetkommunistische Elite wurde — geplant und gnadenlos — ausgerottet. Der totale Existenzkampf, aber einer zwischen unversöhnlichen Eliten, die ihre Völker dazu brachten, sich mit ihm zu identifizieren (was den unterworfenen Völkern freilich leicht fiel, da die Hitler-Barbarei auch ihre Existenz bedrohte). Als sich das Blatt zu wenden begann, kämpfte die nationalsozialistische Elite bis zur letzten nur denkbaren Möglichkeit und bis zur totalen Erschöpfung.

Jetzt stehen sich wieder zwei Eliten unversöhnlich gegenüber. Die Existenz der einen bedeutet Existenzbedrohung für die andere. Beide, die kommunistische „Nomenklatura" und die Funktionselite in den kapitalistischen Industriestaaten, wissen, daß zumindest ihre Herrschaft und ihre Privilegien radikal beseitigt würden, wenn die jeweils andere obsiegte. Wahrscheinlich haben sie sogar Grund, um ihre physische Existenz zu fürchten. Das Leben der Agnelli, Rothschilds, Flicks, von Finkhs, Thurn und Taxis, Morgans, Rockefellers, du Ponts und all der Präsidenten, Minister, Vorsitzenden, Chefs oder Besitzenden erschiene ebenso sinnlos und nicht mehr lebenswert wie das der Honeckers, Husaks, Schiwkoffs, Ceauşescus, Andropows, Tschernenkos und all der zahllosen Privilegierten dieses Systems. Daher gehen sie das äußerste Risiko ein, den totalen Krieg. Lieber zugrunde gehen, als sich auf Gnade oder Ungnade dem Sieger auszuliefern. Nur, anders als frühere Eliten, verfügen die jetzigen über totale Waffen, und sie reißen ihre Völker mit in den Untergang.

In der Moskauer U-Bahn oder im Bolschoi-Theater erschien mir der Gedanke, Krieg mit Atomraketen gegen diese Menschen zu führen und sie auszulöschen, als Absurdität. Ähnliches bemerkte spontan ein sowjetischer Journalist, als wir über die Frankfurter Zeil schlenderten. Jetzt wird diese Absurdität Wirklichkeit. Aber die Völker sind nicht beteiligt. Nur eine Handvoll Techniker, Ingenieure und Raketenspezialisten werden das Inferno auslösen, kommandiert von einigen wenigen Militärs, die das Signal von fünf oder sechs Politikern erhalten. Nicht einmal die Armeen werden beteiligt sein.

Daß Eliten von kollektivem Todeswunsch befallen werden können, zumal in Zeiten politischen Versagens und ausweglos scheinender Krisen, ist gar nicht so abwegig. Sie fühlen, daß sie am Ende sind und nicht weiter wissen: Die ökologische Katastrophe, die Katastrophe in der Dritten Welt, die chronische soziale Krise mit ihrer Massenarbeitslosigkeit, die gegenwärtig über 20 Kriege und kriegerischen Konflikte überall auf dem Globus, der Zerfall von gesellschaftlichem Konsens, Unzufriedenheit, Widerstand, Apathie, Kriminalität, Rowdietum, Drogensucht, Bedürfnis nach metaphysischer Tröstung und irrationaler Entselbstung, die psychosozialen Krankheiten, Zukunftsangst, No Future, Perspektivlosigkeit, Sinnlosigkeit des Lebens, Vereinzelung, Einsamkeit. Eine Raubzivilisation ohne Mitmenschlichkeit. Wozu existiert sie eigentlich?

Selbsterzeugte Bedrohung wird als äußere wahrgenommen und auf einen Gegner projeziert, dem unterstellt wird, die gegenwärtige ausweglose Lage diabolisch-kalt kalkulierend herbeigeführt zu haben. Wären nicht alle unsere Probleme zu lösen gewesen ohne die ständige kommunistische Gefahr? Dann hätten wir doch die Rüstungsbillionen sinnvoll für humane Zwecke verwenden können, die wir stattdessen für Waffen ausgeben mußten. Und der kommunistischen Nomenklatura erscheinen alle Übel der Welt als von der aggressiven bürgerlichen Elite verursacht, die jetzt an ihr zwangsläufiges Ende gekommen ist und den Todeskampf kämpft. Endzeitstimmung ruft Todeswunsch hervor, die Verbrüderung mit dem Gegner im gemeinsamen Untergang.

Völker wehren sich anders. Die Geschichte kennt viele erfolgreiche Anstrengungen kollektiver Selbstverteidigung. Die Spanier gegen Napoleon, die Franzosen, Norweger, Jugoslawen, Ukrainer und Weißrussen gegen Hitler, die Inder Gandhis gegen die Engländer, die Mexikaner, Kubaner oder Nicaraguaner gegen blutrünstige Diktatoren, die Vietnamesen gegen die Amerikaner, Völker kämpfen durchaus um Freiheit. Aber ihre Gegenwehr ist sinnvoll und freiwillig. Es geht um ihre Freiheit, um die jedes einzelnen. Der Freiheitskampf von Völkern fordert eher Zivilcourage von jedem einzelnen, der sich an ihm beteiligt, als militärische Vernichtungsbereitschaft. Der Wunsch nach kollektivem Selbstmord ist Völkern fremd.

An Zivilcourage hat es den Deutschen stets gefehlt, an militärischem Mut nie.

— Ich denke an den alten Kneipenbesitzer in einem Dorf bei Clermont Ferrand und an die alte Kassiererin im „Museum des großen vaterländischen Krieges in Minsk". Beide waren Partisanen und beide sagten übereinstimmend: „Wissen Sie, was das Schlimmste für uns war, wenn wir deutsche Soldaten gefangengenommen hatten? Solange sie uns in ihren grauen Uniformen gegenüberlagen und schossen, schossen wir auch, ohne Skrupel. Aber wenn sie dann vor uns standen, und wir ihnen die Stahlhelme vom Kopf zogen, standen Kinder, junge Burschen vor uns, die vor Angst zitterten. Aber wir mußten sie erschießen, jawohl, mein Herr, wir mußten sie töten! Wir konnten es uns einfach nicht erlauben, auch nur einen von ihnen am Leben zu lassen, das hätte unseren Selbstmord bedeutet. Aber jeder drückte sich so lange es ging, sie zu exekutieren. Wir mußten jedesmal losen und die, die es traf, waren tagelang nicht ansprechbar. Es war schrecklich!"

Brutalität des Freiheitskampfes von Völkern. Und doch noch zu Mitleid fähig.

Für diese Form der Verteidigung ist das Volk unentbehrlich.

Aber eine solche Verteidigungsbereitschaft ist nur unter anderen sozialen und gesellschaftlichen Voraussetzungen möglich. Eine verteidigungswerte sozial-solidarische Gesellschaft, durch grundlegende Reformen erzwungen, hätte die Privilegien der Eliten in Frage gestellt.

Jetzt sollen wir für die Freiheit sterben, die die Freiheit einer elitären Herrschaftsschicht ist — und für sozialistische Errungenschaften, die die Privilegien der anderen elitären Herrschaftsschicht sind.

Montesquieu, Rousseau, Kant, Lessing, Thomas Abbt und die frühen Demokraten hatten wohl recht mit ihrer Überzeugung, daß der Krieg unmöglich werde und aus der Geschichte verschwände, wenn sich die republikanische Staatsform durchsetzte, da die Völker, der dann herrschende Souverän, kein Interesse an Kriegen haben können, da sie stets die Dummen gewesen seien. Auch Marx dachte so: Die Herrschaft des Volkes bedeutet die Eliminierung des Krieges. Fatalerweise haben nur die Eliten gewechselt.

8. August, mittags

Sonntag. Der letzte, den wir erleben? Was für eine Woche zwischen verzweifelter Hoffnung und ohnmächtiger Verzweiflung. Der Absturz der Welt scheint nicht mehr aufzuhalten. Am schlimmsten das Wissen um den determinierten Ablauf der Katastrophe einerseits und die geringen Möglichkeiten andererseits, ihn aufzuhalten. Man muß die Hoffnung auf Vernunft aufgeben, dann wird es leichter. Schicksalsergebenheit könnte Verzweiflung und Angst in beruhigende Resignation verwandeln. Den Protest zum Schweigen bringen. Statt dessen immer noch Auflehnung.

Greisenhaftes Bedürfnis nach Ruhe. Jetzt 80 oder 90 sein, im Bewußtsein des Todes leben — und den Kopf schütteln können über die unfaßliche Stupidität der Jungen. Letztlich nicht mehr berührt sein, schon Abschied genommen haben. Aber es droht nicht nur die physische Liquidierung der menschlichen Art — die fünf-milliardenfache Tötung eines Individuums —, sondern die Auslöschung des Geistigen und Ethischen auf diesem Planeten.

Weigand stellte den Freitod Steffenhagens in den Mittelpunkt seiner Predigt. Überfüllter Gottesdienst, berichtet Tina. Die einen sterben an körperlichen Krankheiten oder Verletzungen, die anderen an seelischen Wunden. Die Steffenhagens hätten diese Welt nicht mehr ausgehalten und auf ihre Weise gegen sie protestiert. Nicht wir Menschen, sondern allein Gott werde darüber zu befinden haben, ob die Eltern berechtigt gewesen seien, das auch für ihre vier Kinder zu tun.

Diese Gewißheit, daß die Steffenhagens den besseren Teil gewählt haben.

Christine hat während ihres Frankreich-Urlaubs bei Julien Green gelesen, daß jeder Mensch die Ursache des Krieges sei. Und jeder habe daher auch die Macht, ihn aufhören zu lassen. „Sowie man die Kriegsursachen anderwärts zu finden sucht als in der eigenen Brust, verstrickt man sich im Wirrsal menschlicher Vernünfteleien, denn der Krieg ist vorwiegend ein menschliches Drama."

Ich wollte diesen Satz erst damit abtun, daß Green ein frommer Schriftsteller gewesen ist, mit Lust an metaphysischer Symbolik, begriff dann aber die Ungeheuerlichkeit dieser Worte: Besser kann man Determinismus nicht beschreiben. Da die Macht des einzelnen, einen Krieg zu beenden, in der bisherigen Geschichte immer erst dann wirksam wurde, wenn ein Sieger und ein Verlierer feststanden, bedeutet dies, daß ein Atomkrieg zu unser aller Untergang führen muß, da auch der „Sieger" zum Untergang verurteilt sein wird. Das ist ja das Fatale: Da sie keine Erfahrung mit einem Atomkrieg haben, werden sie ihn nach herkömmlichem Muster führen und den Sieg anstreben. Aber die Atomwaffen werden keinen Sieger zulassen. Nur Verlierer, Vernichtete. Bismarck sagte, der Krieg sei zu wichtig, um ihn den Militärs zu überlassen. Wir müssen jetzt feststellen: Der Frieden ist zu wichtig, um ihn den Politikern zu überlassen. Passé.

Mittagessen auf der Terrasse. Schwatzende Schwalben über uns. Ein blau-gelber Tag, das Angebot der Natur auf Leben. Ich vermisse Andreas schmerzlich. Werde ihm notfalls befehlen, zu kommen.

8. August, Mitternacht

Nichtssagende, verharmlosende Nachrichten im deutschen ARD-Rundfunk. Als der Bundeskanzler wieder angekündigt wird, schalte ich um. Unerträglich. Radio Bern dagegen meldet weiteren Vormarsch der Sowjets in Pakistan und Iran. Moskau und Washington beschuldigen sich gegenseitig, als erste Atomwaffen eingesetzt zu haben. Beide weisen die Beschuldigungen zurück, sprechen aber von einem „schwerwiegenden Präzedenzfall". Die jeweils andere Seite trage von nun an die Verantwortung für die weitere Entwicklung.

Rigoroses Notstandsrecht in Japan. Die USA landen Truppen auf Taiwan und verstärken die Basen in Oman sowie in Somalia. Oman und Somalia protestieren und erklären, dies geschehe gegen ihren Willen. Sie hätten die Stützpunktverträge mit den USA am 4. August gekündigt. Verständlicher Protest, denn nunmehr schwebt die atomare Vernichtungsdrohung über diesen Staaten. Die Umprogrammierung einer sowjetischen SS-20-A auf ein neues Ziel dauert nur zwei Stunden.

Der amerikanische Generalstabschef beklagt den akuten Mangel an Soldaten. Die Vereinigten Staaten könnten ihren Verpflichtungen nicht mehr nachkommen. Nach NATO-Logik bedeutet dies den Einsatz von taktischen Atomwaffen, wenn die konventionellen Kräfte nicht mehr reichen. Goldsmith empfiehlt, US-Einheiten mit Truppen der asiatischen Verbündeten des ASEAN-Paktes aufzufüllen und gleichzeitig amerikanische Veteranen einzuberufen.

Notstandsmaßnahmen auch in den USA. Erste Anzeichen von Unruhe unter der Bevölkerung. Die Behörden bemühen sich, einen Massenexodus aus den Großstädten zu verhindern. Mögliche fatale Konsequenz: Panikreaktionen in den USA könnten die Politiker und Militärs zu hektischer Eile antreiben, um durch vollendete militärische Tatsachen den „Wettlauf" mit der Heimatfront zu gewinnen. Es kommt eben alles zu spät, um ein paar Tage zu spät. Aber das darf doch einfach alles nicht wahr sein!

Steht die sowjetische Führung unter ähnlichem Druck?

9. August, abends

Den ganzen Tag durch Wiesbaden geirrt. Gespensterstadt. Nur wenige Menschen auf der Straße, trotz der anhaltenden Hitze ist der Kurpark verwaist. Nur einige Alte dort, gleichmütiges Dahinschlendern.

Das städtische Leben ist nahezu erloschen. Kaum Autos, nur wenige Busse. Die meisten Geschäfte und Banken geschlossen, manche wie Festungen mit herabgelassenem Gitter. Viele Betrunkene. Wegspülen der Angst, die von der Luft, die wir atmen, kaum noch zu unterscheiden ist.

In der Friedrichstraße ein ergreifendes Erlebnis: Ein Zug von etwa 60 Männern und Frauen unterschiedlichen Alters, jeder einzelne nur mit einem Sack bekleidet, die Gesichter mit weißer Kreide eingerieben. Die Köpfe gesenkt, zogen sie mit verschränkten Armen daher, irgendeinen Singsang murmelnd. Die Oberkörper schwankten rythmisch hin und her. Mir wurde bewußt, wie selbstverständlich diese Szene wirkte. In „normalen" Zeiten hätte man gesagt: Stunde der Neurotiker. Jetzt sind sie wahrscheinlich die Normalen, die es in der Bewältigung der Situation am weitesten gebracht haben.

Vor der Bonifazius-Kirche predigte eine Frau Buße. Eindringliche, fast scharfe, aber nicht laute Stimme. Hager, etwa 45 Jahre, zu großes schwarzes Kleid. Ihr Publikum waren etwa 200 Leute, die auf Einlaß in die überfüllte Kirche warteten. Sie hörten schweigend zu, während die Frau den Weltuntergang verkündete. Niemand schien ihr zuzuhören, aber es protestierte auch keiner. Wieder die Selbstverständlichkeit der Szene. Nach einigem Zögern überwand ich mich und flüsterte der Frau ins Ohr, sie solle nicht den Weltuntergang predigen, sondern die Wiederkehr Christi. Sie blickte mit todtraurigen Augen vorbei ins Leere.

Die Seele hält dem Druck der Lebensangst nicht mehr stand und reagiert mit Verwirrung. Protest, wenngleich ein ohnmächtiger. Aber er hilft, glaube ich, und ist vor allem jetzt eine normale Reaktion. Jetzt in eine andere Welt Einlaß finden. In eine andere, nicht in eine bessere. Jede andere ist eine bessere.

Der Luftschutzbunker in der Schwalbacher Straße ist noch leer. Wenn schon, dann in der eigenen Wohnung auf einen raschen Tod warten.

Frühere Häftlinge aus lateinamerikanischen Staaten berichteten übereinstimmend, daß es eine der grausamsten Foltern sei, mit verbundenen Augen geschlagen zu werden, weil man sich auf den Schlag nicht einstellen kann. Er schmerzt nicht nur doppelt und dreifach, sondern zerrüttet auch den Widerstandswillen. Man wisse, daß der Schlag kommt, aber nicht, wann und wohin. Der ganze Körper krampfe sich zusammen und man bekomme rasch das Gefühl, verrückt zu werden. Bei dieser Folter habe es die meisten Kreislaufzusammenbrüche mit Todesfolge gegeben, obwohl die Schläge selbst nicht tödlich gewesen seien.

Exakt unsere jetzige Situation.

In der Marktkirche standen Menschen, zum Knien war kein Platz. Nur vereinzelt Weinen, aber halblaut in die Handflächen gestammelte Gebete.

Der offenkundig völlig übermüdete Pfarrer erinnerte daran, daß Menschen immer wieder in Todesnot geraten seien. Das sei im Grunde unser Schicksal. Auf der Erde habe es immer viel Platz für die Hölle gegeben. Für die Millionen, die nach Auschwitz gekommen seien, sei die Welt spätestens an der berüchtigten Rampe untergegangen. Ehe sie die Kleider abgelegt hätten, um in die Gaskammer zu gehen, hätten sie die Hoffnung aufgeben müssen, und sie hätten dies auch gewußt.

Viele der Häftlinge hätten dennoch den Mut nicht aufgegeben. Gerade wenn man aller Hoffnung beraubt werde, könne es geschehen, daß man an Mut gewinne, weil man Gott neben sich weiß. Das Leben des Menschen werde mit dem Tod nicht beendet, Gott lasse nicht zu, daß er das letzte Wort behalte. Christen lebten immer in der Hoffnung auf Leben. Und anders als für die Opfer von Auschwitz bestehe ja durchaus noch die Hoffnung, daß dieser Kelch an uns und an der ganzen Menschheit vorübergehe. Es liege in der Hand Gottes, die Verantwortlichen von ihrem verblendeten Tun abzubringen.

Andererseits freilich habe Gott dem Menschen ein hohes Maß an Freiheit eingeräumt. Wir alle müßten uns fragen, ob wir dieser Verantwortung gerecht geworden seien. Hätten wir uns denn nicht schon längst verirrt? Hätten wir denn versucht, für die Welt nach Maß unserer Möglichkeiten Verantwortung zu übernehmen, um sie als Christen mitzugestalten? Habe nicht jeder nur für sich gelebt und den Tag mit leichten Oberflächlichkeiten zugebracht, fern von jedem tieferen Gedanken, fern von unserem Nächsten, fern von Gott? Vielleicht müsse die gegenwärtige Stunde der Not und der Verzweiflung als eine Warnung verstanden werden, endlich umzukehren.

Der Pfarrer sagte es nicht strafend und nicht anklagend, sondern begütigend und beruhigend. Kein Wort von Schuld und Strafe, daher auch nicht von Vergebung, sondern nur von einer offenen Tür, durch die jedermann eintreten könne und dann willkommen sei.

Als er die Menge segnete, hat er viel erreicht. Gefühl der Stärkung auch bei mir.

Draußen blendete die Sonne.

In Taunusrodt wieder Flüchtlinge. Zwei Familien aus Mainz wurden umgehend zurückgeschickt.

9. August, Mitternacht

Der Vorstand der SPD fordert die einseitige Zurücknahme der NATO-Truppen um 60 km. Das Risiko dieser Vorleistung müsse eingegangen werden. Man dürfe sich jetzt nicht an militärische Prinzipien wie das der

Vorwärtsverteidigung klammern. Man müsse der anderen Seite ein Signal des Einlenkens geben in der Hoffnung, daß es verstanden und aufgegriffen werde. Dies sei die einzige Chance, eine Katastrophe unvorstellbaren Ausmaßes zu verhindern. Die Bundesregierung solle sich der besonderen Verantwortung bewußt werden, die sich aus der tödlich-exponierten Lage der Bundesrepublik ergebe, und bei den Verbündeten energisch auf die Durchsetzung des „vorbedachten Rückzugs" drängen. Man müsse jetzt de-eskalieren und nicht eskalieren. Der SPD-Vorstand erinnerte an ein Wort Kurt Schumachers aus dem Jahr 1950: „Europa kann nicht der vorgeschobene Verteidigungsgürtel Amerikas, Deutschland nicht der der anderen europäischen Staaten sein. Es kann nicht ein Land zur Verteidigung anderer Länder dienen. Eine militärische Verteidigung ist nur auf der Grundlage der Gemeinsamkeit möglich."

Der Deutsche Gewerkschaftsbund erklärt aufgrund eines „einmütigen Beschlusses aller ihn tragenden Einzelgewerkschaften", daß ein Generalstreik ins Auge gefaßt werde, falls die Bundesregierung bei den Verbündeten nicht eindeutig de-eskalierende Maßnahmen durchsetze. Es lägen schließlich keinerlei Anzeichen dafür vor, daß es primäre Absicht der Sowjetunion sei, Europa anzugreifen. Die tödliche Gefahr resultiere vielmehr aus der unverantwortlichen Konfrontationspolitik der beiden Supermächte in anderen Gegenden der Welt, die jetzt als schreckliche Folge auf Europa durchzuschlagen drohe. In Europa gebe es keinen rationalen Grund für einen allesvernichtenden Krieg. Die jetzt erkennbar gewordene Gefahr gefährde die rechtsstaatliche Ordnung der Bundesrepublik, der sich die Gewerkschaften verpflichtet fühlten. Sollte diese Forderung der Gewerkschaften nicht erfüllt werden, so werde kurzfristig der unbefristete Generalstreik ausgerufen.

Eindringliche Mahnungen auch seitens der Kirchenleitungen. Der Rat der EKD fordert, daß die Bundeswehr die Kontrolle über die Pershing-II-Stellungen übernimmt.

Die Bundesregierung weist alle diese Forderungen „mit aller Entschiedenheit" zurück. Man könne in dieser schweren Stunde die Einheit und Geschlossenheit des westlichen Bündnisses nicht gefährden. Das wäre Selbstmord. Die Bundesregierung warnt den DGB vor einem Generalstreik. Das wäre nach jetzt geltendem Notstandsrecht Hochverrat und würde mit allen Mitteln verhindert werden.

Scharfe Erwiderung auch auf das „irrationale Ansinnen des Rates der EKD".

Weiß nicht, ob ich lachen oder weinen soll. SPD und Gewerkschaften haben wie immer in ihrer Geschichte die Chance verpaßt. Energische Haltung, wenn es zu spät ist. Ihr Versagen ist die Tragödie des deutschen Volkes.

Schließlich dumpfe Verzweiflung.

Angst vor dem Schlaf. Er bringt die furchtbaren Träume.

10. August, mittags

Ankündigung der Bundesregierung, daß Fernbleiben vom Arbeitsplatz nicht länger hingenommen werde. Unentschuldigtes Fehlen ziehe sofortige Kündigung nach sich. Strengste Maßnahmen werden vor allem gegen Beamte angedroht. Der Stillstand der öffentlichen Verkehrsmittel ist in der Tat eine Katastrophe. Banken und Geschäfte werden gezwungen zu öffnen. Das Land ist gelähmt und befindet sich faktisch im Generalstreik auch ohne Gewerkschaften und SPD. Es ist eher eine Generalverweigerung ... Die Bevölkerung ist überfordert, gelähmt durch ständigen Luftschutzalarm.

Die apokalyptische Bedrohung und die daraus resultierende Angst sind aber nicht durch Androhungen zu beseitigen. Diesmal versagt die deutsche Disziplin.

Kaum noch Truppenbewegungen. Die Autobahn Köln-Frankfurt wie ausgestorben, nur noch vereinzelte Militärfahrzeuge. Der Aufmarsch hüben und drüben ist abgeschlossen, die Streitkräfte stehen Gewehr bei Fuß. Dafür aber ständiges Donnern der Düsenflugzeuge. Es wird Flagge gezeigt. Europa ist bereit zum Sprung in den Abgrund.

Wieder ein strahlender Sommertag. Die Taunusrodter werden aus den Häusern und Gartenbunkern gelockt. Vorsichtig schwatzende Gruppen. Extremes Auf und Ab der Gefühle. Es hofft der Mensch, solang er lebt ... noch am Grabe pflanzt er die Hoffnung auf. Steffenhagens allerdings nicht. Kann eine Politik, die diese aberwitzige Gefahr heraufbeschworen hat, aus sich selbst heraus noch einen Ausweg finden? Vielleicht wirkt noch die Selbstabschreckung. Es wäre ein Wunder.

Christine schöpft Hoffnung, sie ist jung. Ralf sagt, ihm sei erstmals seit Tagen leichter um die Brust. Ich muß mich zusammennehmen, damit mein Gesicht nicht verrät, wie es in mir aussieht. Für Augenblicke frei von Angst zu sein, wäre erlösend.

Was geschähe, wenn die Gefahr abgewendet würde? Würde die Bevölkerung eine neue Sicherheitspolitik durchsetzen? Würde der Irrwitz der atomaren Abschreckung beendet werden? Umstrukturierung der Bundeswehr, zivile Verteidigung? Wahrscheinlicher freilich, daß die Apologeten der bisherigen Politik sich bestätigt sehen und behaupten, es habe doch alles prima funktioniert. Der Westen ist hart geblieben, und die Sowjets mußten nachgeben. Also, weiter so.

Immerhin ist der Nuklearkrieg jetzt vorstellbar geworden. Die Menschen haben ihn ein Stückchen erfahren und erlebt. Aber der Schrecken und die Erinnerung an ihn werden nicht lange vorhalten. Man wird sie verdrängen wie einen Alptraum. Wie rasch wurden die Schrecken der beiden Weltkriege verdrängt, spurlos abgeschüttelt von den Generationen, die sie am eigenen Leib erfahren haben. Die europäische Kultur ist eine Kriegskultur. Die Unfähigkeit zu trauern. Mit dem Krieg leben. Ich habe nirgendwo sonst den Satz so oft gehört wie in der Bundesrepublik: „Wir müssen nun einmal mit der Atombombe leben."

Schöner Traum: Die europäischen Völker in Ost und West werden eine große Friedensbewegung, die die Grenzen zwischen den beiden Machtblöcken niederreißt. Austausch der Erfahrungen mit dem Schock der letzten Tage. Große Solidarität untereinander, mit der Natur, mit der Dritten Welt, mit dem Menschen.

Beseitigung des lebensgefährlichen Irrtums und der Unmoral der Abschreckung. Nach dieser Erfahrung jetzt muß die Vorstellung abschrecken, daß wir bereit waren, die Ausrottung der „gegnerischen" Bevölkerungen hinzunehmen. Das künftige Abschreckungsprinzip einer neuen Ordnung muß lauten, „daß der wahre Schmerz für den Menschen nicht der ist, den er erleidet, sondern der, den er zufügt" (Alessandro Manzoni).

Leider wird dies ein typischer „Kriegstraum" sein. Jede Generation hat ihn während eines Krieges geträumt. Nichts vergißt sich leichter als Träume im Krieg.

Internationale, verbindliche Festlegung, daß die Entscheidung über Krieg einer Volksabstimmung auf beiden Seiten vorbehalten bleibt.

10. August, abends

Sensation! Das kann die Wende bedeuten! Wir sind gerettet! Die sozialdemokratischen Regierungen in Holland und Dänemark erklären ihre Neutralität! Die niederländischen Truppen werden aus Niedersachsen zurückgezogen, der Rotterdamer Hafen für den militärischen Nachschub der USA gesperrt. Niederländische Einheiten besetzten die amerikanischen Cruise-Missile-Stellungen. Die Marschflugkörper müssen sofort holländisches Territorium verlassen. Die dänische Kriegsflotte wird in die Hoheitsgewässer zurückbeordert. Beide Regierungen stellen ab sofort ihre militärische Mitarbeit im Hauptquartier der NATO und bei den regionalen Kommandostellen ein. Freudentaumel in Dänemark und den Niederlanden.

Bestürzung in Washington und im Eifelbunker! Der amerikanische Präsident spricht von einem Dolchstoß in den Rücken des westlichen Verteidigungsbündnisses, der schwere Folgen haben werde. Die Bundesregierung bangt um das Vertrauen der USA. Auch sie spricht natürlich von einem Dolchstoß und von Verrat. Kommentare in Rundfunk und Fernsehen: Von Feigheit der Holländer und Dänen ist die Rede, von

Verrat, und dem Versuch, die eigene Haut zu retten. Auf Sozialdemokraten ist eben kein Verlaß. Immer schon gewußt.

Den Haag und Kopenhagen erklären, die NATO sei ein Verteidigungsbündnis ausschließlich gegen Gefahren, die durch erkennbare sowjetische Aggressionsabsichten in Europa heraufbeschworen werden. Eine solche Aggressionsabsicht sei aber nicht festzustellen. Die jetzige gefährliche Situation sei ausschließlich aufgrund der Konfrontationspolitik der USA und der UdSSR in entfernten Krisengebieten entstanden. Für diese Konfrontationspolitik übernähmen die Regierungen der Niederlande und Dänemarks keine Verantwortung. Sie seien auch nicht beteiligt. Es könne nicht im Interesse der Verbündeten der beiden Supermächte liegen, mit ihrer Existenz für eine Politik zu haften, auf die sie keinen Einfluß hätten, die gegen ihre Interessen gerichtet sei und die sich außerhalb der beiden Verteidigungsbündnisse abspiele. Beide Regierungen appellieren auch an die Verbündeten der Sowjetunion, aus einer Konfrontationspolitik auszusteigen, die sich immer deutlicher zu einer europäischen und globalen Katastrophe entwickele und daher gegen die vitalen Interessen der osteuropäischen Völker gerichtet sei. Die Aufgabe der Alliierten beider Supermächte sei es jetzt, in der gegenwärtigen Krise zu vermitteln.

Ich spüre, wie das Leben wieder zurückkehrt, wieder Blut in den Adern fließt. Wir fallen uns um den Hals und führen Freudentänze auf. Vielleicht folgen die Belgier, Italiener, Norweger, Griechen, dann die Tschechoslowaken, Polen, Ungarn, Rumänen. Der alte Kontinent schafft es doch noch! Dann wird auch die Bundesregierung wieder aus ihrem Bunker hervorkommen und sich der europäischen Solidarität anschließen.

Die Taunusrodter hatte es auf den Marktplatz getrieben. Der Alpdruck schien zu weichen. Aufgeregt diskutierende Gruppen, aufgedrehte Rundfunkempfänger. Einige Karnevalsraketen werden mit lautem Gebrüll begrüßt. Aus dem Häuschen. Überall Geburtstage.

Freunde rufen an: „Hast du gehört?“ — „Was sagst du dazu?“ Man muß sich bestätigen lassen, sich nicht verhört zu haben, keiner Halluzination aufgesessen zu sein. Wäre ja denkbar.

Erst später kommen wieder Zweifel, ob die holländische und dänische Initiative das Verhängnis noch stoppen kann.

11. August, mittags

Sowjetische Truppen haben Westberlin umstellt, wenigstens fünf Divisionen. Die Zufahrtswege und alle anderen Verbindungen sind unterbrochen. Die drei westalliierten Kommandanten sind aufgefordert worden, die Stadt bis Mitternacht zu übergeben, andernfalls sähen sich die Streitkräfte der Roten Armee gezwungen, militärische Macht anzuwenden. Das Politbüro in Moskau begründet den dramatischen, unerhörten Schritt mit einem eklatanten Bruch des Viermächte-Abkommens durch die Westalliierten: Sie hätten unzulässigerweise versucht, die Stadt zu einer Festung auszubauen. Die westlichen Garnisonen seien heimlich verstärkt worden. Mit Flugzeugen und auf dem Schienenweg seien sogar schwere Waffen in die Stadt gebracht worden. Die Imperialisten planten offenbar, im Konfliktfalle eine Front im Rücken der Streitkräfte des Warschauer Paktes aufzubauen, um „militärische Interdiktionsaufgaben" durchzuführen. Diese Bedrohung könnten die Sowjetunion und ihre Verbündeten in dieser Krisensituation nicht hinnehmen. Auf diplomatischen Kanälen überbrachte Warnungen seien ergebnislos geblieben, die drei westlichen Regierungen hätten sie schlicht ignoriert. Sie trügen jetzt die Verantwortung für diese Verschärfung des Konflikts, zu der sich Regierung, Politbüro und Zentralkomitee der Sowjetunion in enger Absprache mit den Verbündeten gezwungen sähen.

Warum? Warum diese Aktion nach der mutigen niederländischen und dänischen Initiative? Und wieder diese Gewißheit, daß der Militärapparat seinen eigenen, von menschlicher Entscheidungsmöglichkeit losgelösten Gesetzen folgt und die Verantwortlichen mitreißt. Es gibt nur noch Handlanger, die diese Apparatur bedienen. Die Computer haben das Kommando übernommen, und Politbüromitglieder und Generäle können ihrem Kommando nur noch gehorchen. Der Computer hat keine Angst, er läßt sich auch nicht abschrecken.

Warum hat Moskau die niederländische und dänische Regierung dermaßen desavouiert und die politische Chance nicht wahrgenommen? War der Schlag gegen Westberlin von so langer Hand vorbereitet, daß die Verantwortlichen im Kreml nicht mehr zurückkonnten oder -wollten? Hat in der UdSSR das Militär das Kommando übernommen? War den Militärs die Initiative der beiden NATO-Regierungen gar ein Dorn im Auge? Oder hat sie Mißtrauen geweckt? Wollen die Sowjets den Entscheidungskampf jetzt?

Sinnlose Fragen. Man wird sich bis zuletzt dagegen wehren, den automatischen Vollzug der Katastrophe zu akzeptieren.

Diese ohnmächtigen Proteste der Vernunft und des Leben-Wollens.

11. August, abends

Heute Nachmittag konnte ich nicht mehr. Totale Erschöpfung. Nervenzusammenbruch. Der Lebenswille ist verbraucht. Warten ist Wehrlosigkeit.

Die drei Westalliierten lehnen eine Kapitulation der Westberliner Garnisonen kategorisch ab. Das sowjetische Ansinnen sei ein unerhörter Verstoß gegen das Völkerrecht, schließlich bestehe kein Kriegszustand. Man befinde sich in Europa und in Westberlin immer noch im Frieden. Nachdrückliche Warnung an Moskau vor einem Angriff auf die Stadt. Die Folgen wären nicht auszudenken. Die Westalliierten würden eine derart brutale Verletzung ihrer verbrieften Rechte nicht hinnehmen.

Meine Hand zittert beim Schreiben. Jeden Augenblick kann etwas Schreckliches passieren. Nach einer langen Kette von Handlungen oder Unterlassungen entscheidet eine Sekunde über unser Schicksal.

Die militärischen Apparate beider Seiten sind jetzt in höchster Alarmbereitschaft. Startklare Flugzeuge, formierte Panzer und motorisierte Kolonnen, aufgesessene Mannschaften. Irgendwo in den Wäldern ragen Raketen in den Himmel, die atomaren Gefechtsköpfe sind montiert und scharf. Auch die Interkontinentalraketen sind feuerbereit, Zündschlüssel stecken, die Sicherungscodes sind aufgehoben. Die nuklearen U-Boote steuern in diesem Augenblick ihre Abschußpositionen an.

Den Radaringenieuren hüben wie drüben in den atombombensicheren Bunkern tritt jetzt der Angstschweiß auf die Stirn. Die Informationen der Satelliten werden von kreidebleichen Technikern ausgewertet und weitergereicht. Die Offiziere in den Operationszentralen agieren wie im Fieber, Lust und Grauen gleichzeitig empfindend. Die Computer, die alles berechnen und die Weisungen erteilen, können und dürfen nicht irren. Die alten Männer des Moskauer Politbüros — längst irgendwo ebenfalls in einem Bunker tief unter der Erde — schauen hilflos auf die herein- und hinausstürzenden Berater, Offiziere und Adjutanten, nicken zu jedem Vorschlag, begreifen nichts mehr. Sachzwänge, die „Fachleute“ haben das Sagen.

Der gleichfalls überforderte Präsident im Weißen Haus hat auch längst keinen Überblick mehr. Eben wird er samt seinem Stab in einen Jumbo-Jet verfrachtet. Die fliegende Befehlszentrale wird ihn in der Luft halten. Der Untergang der Menschheit wird perfekt vorbereitet — von ein paar seelenlosen Maschinen.

Hüben und drüben sind sie aber überzeugt, daß der Gegner seine Aktionen und den Krieg eiskalt plane, daß er jetzt mit Berechnung aufs Ganze gehe und es jetzt wissen wolle. Beide Seiten nehmen sich nicht ab, daß sie aus Angst handeln, aus Irrtum und Fehlannahmen, in Abhängigkeit von den Weisungen ihrer Computer.

Spiel mit dem Tod von Eliten, die nicht mehr weiter wissen und die am Ende sind. Todeswunsch. Todesurteil für Europa, für Deutschland.

Und ich bin der Chronist der Apokalypse. Sie wird schrecklicher und größer sein als die des Johannes und als das Inferno Dantes. Sie wird Wirklichkeit sein, keine Ausgeburt der Phantasie. Sensationslust könnte die Angst verdrängen. Frontberichterstatter, der auf das eigene Leben nicht mehr achten muß. Wahrnehmen und Festhalten. Untergang der Menschheit. Eine Epoche, die Jahrmillionen dauerte, endet in wenigen Tagen. Dabeigewesen!

12. August, mittags

Heute morgen um 6 Uhr bebte die Erde. Dazu dumpfe Detonationen. Das Haus zitterte. Erster Gedanke: Artilleriefeuer, die Russen kommen. Wenig später Sirenen. Der Ort wird aus dem Schlaf gerissen. Schreien der in die Keller flüchtenden Menschen. Im Osten tauchte die Sonne wie ein roter Feuerball auf.

Atombomben. Das Grauen machte mich empfindungslos. Ich starrte auf Tina. Sie klammerte sich an der Kommode fest. Christine kam schlaftrunken die Treppen herunter und fragte: „Was ist los?" Ich hörte mich sagen „Atombomben". Überwältigende Realität. Oft vorausgedacht und vorausempfunden, dennoch schlägt sie dich zu Boden wie eine Faust. Trotzdem kommt dir alles unwirklich vor, du glaubst zu träumen. Es ist alles so banal. Die Dinge fahren von einem weg, werden ganz klein, als blicke man durch ein umgedrehtes Fernglas. Die Haut fühlt sich pelzig an, die Augenlider wie Blei. Wie im Zeitraffer sehe ich Bruchstücke meines Lebens als Kind, die Großeltern, der Hof, Vater und Mutter, die Lehrer, das Internat, Bilder, Szenen wirbeln durcheinander, ich laufe in einem Stadion, Tina im Brautkleid, Christine und Andreas als Babies, Freunde, Reisen, Farben, Ängste, Freuden. Dann sah ich in Tinas schreckgeweitete Augen.

Atombomben. Ganz nah, gegenwärtig, unerbittlich. Das Unausdenkbare und Unvorstellbare – wie leicht und schnell es gekommen ist.

Die Sowjetunion hat die Pershing- und Cruise-Missile-Stellungen im Hunsrück und in der Eifel angegriffen, wahrscheinlich auch im Schwäbischen. Nach zehn Minuten Totenstille. Die Sonne ist zwei Fingerbreit höher gestiegen und ganz weiß.

Stromausfall. Das Telefon tot, das Rundfunkgerät schweigt, der Fernseher erloschen. Isolation. Abgeschnitten von der Welt, keine Kommunikation. Unsere Welt ist auf einen winzigen Bereich zusammengeschrumpft. Sie reicht so weit, wie wir rufen, laufen oder mit dem Fahrrad fahren können. Elektromagnetische Pulse? Gezielter Angriff gegen die Stromversorgung?

Die batteriegetriebenen Rundfunkgeräte funktionieren. BBC-London bestätigte massiven sowjetischen Atomschlag gegen die amerikanischen Raketenbasen in der Bundesrepublik. Der Sprecher schrie und sprach so schnell, daß er kaum zu verstehen war. Heute morgen um vier Uhr Ausbruch der Kämpfe auf breiter Front zwischen Lübeck und Hof. Unklare Lage. Aber kurz darauf der massive sowjetische Atomschlag. Alarm in ganz Europa. 450 Millionen Menschen zittern um ihr Leben.

Die gehetzte Stimme des Sprechers fragte dann ununterbrochen, was mit Großbritannien passieren werde. Würden die Cruise Missiles gestartet? Was ist mit den strategischen U-Booten? Muß Großbritannien ebenfalls auf einen sowjetischen Nuklearschlag gefaßt sein?

Drei Stunden später, 9 Uhr. Die Stimme des BBC-Sprechers, merklich ruhiger, berichtet von einem „Desaster“ in den angegriffenen Gebieten im Hunsrück und in der Schwäbischen Alb. Das Desaster sei unvorstellbar. Er sprach nur von Desaster. Insgesamt seien an die 50 Atomsprengköpfe detoniert, wie die britische Luftaufklärung ergeben habe. Die Landschaft sei ein Flammenmeer. Nach jedem zweiten Satz folgte ein fassungsloses „my God, my God“.

Im Raum Hannover, Fulda und Coburg sind offenbar Panzerschlachten im Gange. Ansonsten heftige Artillerieduelle, Einsatz taktischer Jagdbomber. Schwere Kämpfe bei Göttingen, unklar, ob die Stadt bereits gefallen ist.

NATO-Hauptquartier, Bundesregierung und Washington hüllen sich in Schweigen. Wie werden die USA reagieren? Vergeltungsschläge gegen sowjetische Stellungen in der DDR? Begrenzte Atomangriffe gegen die Sowjetunion? Was dann?

Um 12 Uhr erstes Kommunique der Bundesregierung aus dem Eifelbunker. Der sowjetische Angriff wird als barbarische Aktion, die die zivilisierte Welt mit Abscheu erfüllt, verurteilt. Von Inferno in den betroffenen Gebieten ist die Rede, aber keine Angaben über das Ausmaß. Es werde alles unternommen, um die unter den Umständen größtmögliche Hilfe zu leisten. Dann minutenlang verschlüsselte Angaben und Codes. Zitternde Stimme des Regierungssprechers, er stottert, kann sekundenlang vor Aufregung nichts sagen.

Ich fühle mich matt und fremd in meiner Haut, aber krank vor Wut und Schmerz. Das Gefühl, mich erbrechen zu müssen. Der sowjetische Schlag war absehbar, man hätte ihn einkalkulieren müssen. Jahrelang haben wir – ich und viele andere – vor der Stationierung amerikanischer Raketen gewarnt. Beschworen und gebettelt: Die amerikanische Strategie der Köpfung der Sowjetunion bedeutet Selbstmord für die Bundesrepublik. Die USA betrachteten schon ein konventionelles sowjetisches Regiment auf Kuba als Bedrohung ihrer Sicherheit. Die Sowjets werden zum ausradierenden Erstschlag gegen diese strategischen Waffen geradezu gezwungen, selbst gegen ihren Willen. Jeder Normale hätte das begriffen. Psychotikern aber ist das Begreifen der Angst des Gegners unmöglich. Stattdessen Freude und Genugtuung, wenn Sowjets ihre Ängste offen zeigten. Angst zwingt den Bedrohten zum Angriff, wenn er die Mittel dazu hat, die Ursachen seiner Bedrohung auszuschalten. Die Sowjets hatten die Mittel, aber eine infantile Sicherheitspolitik hat das nicht wahrhaben wollen.

Wo bleibt die Ankoppelung an die strategischen Waffen der USA? Was haben die verdampften, verbrannten, zerrissenen Menschen in der Eifel und im Schwäbischen von der Ankoppelung? Was werden wir davon haben, wenn die Amerikaner jetzt ihre strategischen Waffen abschießen?

12. August, abends

Die elektrischen Geräte im Haushalt sind nutzloser Schrott.

Am Nachmittag Aufruf Hofmanns an die Einwohnerschaft, sich auf dem Marktplatz zu versammeln.

Nur wenige kommen und wagen sich aus den Kellern oder Gartenbunkern der Deutschen Schutz-Gemeinschaft. Jetzt reden, reden, miteinander sprechen. Für uns heißt die Welt nur noch Taunusrodt. Niemand wird uns helfen, wir sind völlig auf uns selbst angewiesen. Eine übergreifende Verwaltungstätigkeit der hessischen Landesregierung oder gar des Landratsamtes wird es nicht mehr geben, sie steht nur noch auf dem Papier. Bürgermeister Hofmann zeigt Energie und Umsicht. Er hat wichtige Erklärungen vorbereitet. Feuerwehrleute, die er zu Hilfspolizisten ernannte, gehen in die Häuser, um die Bürger herauszuholen.

Während des fröstelnden Wartens vor dem Rathaus wieder zwei Jagdbomber. Sie drehten unter ohrenbetäubendem Lärm nach Süden ab und verschwanden hinter der Hohen Wurzel. Sowjetische Migs! Deutlich waren die roten Sterne an den Tragflächen zu erkennen, auch die Piloten. „Die fliegen jetzt nach Biblis“, schrie Fritz Herterich, der Tankstellenbesitzer. Todesschreck. Starres Lauschen, die Gesichter nach Süden gewendet. Zehn Minuten, eine Viertelstunde. Eine Ewigkeit. Der Puls schlug in der Kehle und verursachte Schluckbeschwerden. Wie in Trance nahm ich wahr, daß der Wind leicht aus Südwesten blies. Wie oft hatten Tina und ich bei klarem Wetter die Aussicht von der Platte bis hinter Biblis genossen. Die vier Kühltürme des Reaktors hoben sich weiß und glänzend vom Horizont ab, einer süditalienischen Stauferburg ähnlich.

Doch nichts. Keine Detonation. Ein Hund bellte und auf dem Dachfirst der Marktkirche flötete eine Amsel.

Man ist jetzt schon froh, wenn das Unausweichliche für einen Moment ins Stocken gerät. Warum haben die beiden Sowjets Biblis nicht bombardiert? Nördlich davon wäre die ganze Bundesrepublik mit Windgeschwindigkeit langsam in den Tod gesunken. Bewirkt von zwei Jagdbombern. Wie konnten die überhaupt bis hierher vordringen? Wo bleibt unsere Luftabwehr? Gibt es keine mehr? Mühsam kehrten die Gedanken zurück und bleiben in Ratlosigkeiten stecken.

Hofmann stellte sich auf die Rathaustreppe und rief, jeder solle sich mit der Tatsache vertraut machen, daß es auf absehbare Zeit keine Elektrizität geben werde. Die Ursachen kenne er auch nicht. Anfrage aus dem Bürgermeisteramt über Funk habe ergeben, daß es in Wiesbaden auch nicht anders aussehe. Möglicherweise hätten die elektromagnetischen Pulse der Atomexplosion die nicht gehärtete Elektronik der Kraftwerke und Verteilerstationen zerstört. Wahrscheinlich befände sich ganz Europa in einer ähnlichen Situation wie wir hier in Taunusrodt. Man werde feststellen, daß auch die Elektronik der meisten Autos zerstört sei. Nur Traktoren und ähnliche Maschinen funktionierten. Das sei aber schon eine große Hilfe.

Jedenfalls sei jetzt Solidarität das Gebot der Stunde. Hilfe müsse solidarisch organisiert werden. Niemand dürfe sich verweigern. Der Ort müsse zu einer Lebens- und Schicksalsgemeinschaft werden. An Hilfe von außen sei nicht zu denken. Wenn wir überleben wollten, falls nichts Schlimmeres passiere, dann nur gemeinsam.

Hofmann ist großartig. Ein schlichter, einfacher Mensch mit gesundem Menschenverstand. Kantig und beliebt, voller Stolz, Arbeitersohn zu sein. Will nächstes Jahr in Pension gehen, wird aber vermutlich noch eine Amtszeit dranhängen. Er wäre dann 73. Jetzt ist er unentbehrlich.

Hofmann macht seinen Taunusrodtern klar, daß beispielsweise dringend Öfen gebaut werden müßten. Alte Holz- und Kohleöfen müßten reaktiviert werden. Wer einen funktionierenden Ofen habe, solle andere auch darauf kochen lassen, vor allem Familien mit Kleinkindern. Der alte Dorfbackofen werde wieder restauriert. Jeder brauche bald Hilfe. Daher solle jetzt niemand aus der Solidarität ausscheren.

Dann das Trinkwasser. Aus den Wasserhähnen in den Wohnungen tröpfele es nur noch. Offenbar seien die elektrischen Pumpen der Wasserwerke ausgefallen. Auf dem Gemeindegebiet befänden sich drei Quellen mit gutem Trinkwasser. Er flachst: Natürlich kostenlos zu schöpfen. Jeder solle sich mit soviel Trinkwasser eindecken, wie Eimer, Töpfe und Badewannen nur fassen könnten. Die Waren in den Kühlräumen des Supermarktes würden verteilt. Am Abend sei im Gemeindehaus eine Bürgerversammlung, um über die

Schwierigkeiten und ihre Bewältigung zu reden. Alles sei jetzt anders, er hoffe, nur vorübergehend.

Hofmann treibt die Bürger zum Handeln an. Unter normalen Umständen wäre die jetzige Lage als Katastrophe empfunden worden, nun erscheint sie als Panne, für einige fast als Herausforderung. Man hat etwas zu tun und muß nicht passiv und hilflos herumsitzen.

Von einer Stunde auf die andere zurückgeworfen auf einen Stand wie vor 120 Jahren, als es noch keine Elektrizität gab. Manche Fertigkeiten sind neu zu lernen — falls die Zeit dafür reicht. Es ist nur einfaches Handwerkszeug zur Verfügung, die Vergangenheit hat uns buchstäblich eingeholt. Dennoch sind wir weitaus besser dran als die Wiesbadener oder Mainzer. Wenn der Stromausfall länger andauert, sind die Großstädter hilflos. Auf diese Situationen sind die Behörden nicht vorbereitet.

Betriebe und Fabriken, Verkehrs- und Kommunikationsmittel, Krankenhäuser! Nichts. Welch eine Verrücktheit, mit so zerbrechlichen Industriegesellschaften kriegführen zu wollen. Ein paar Stunden, einige wenige Atomwaffen, und nichts geht mehr. 120 Jahre technisch-industriellen Aufbaus wegradiert aus der Geschichte. Hunger, Not, Elend, vollständiger Zusammenbruch. Das „kalkulierte Risiko" der Sicherheitspolitik. Infantil, naiv, infam!

12. August, Mitternacht

Ich schreibe bei Kerzenlicht. Wenn doch das Ende rasch käme. Ich fühle mich matt und abgehetzt von der innerlichen Flucht vor dem Krieg. Seit zwei Wochen ein einziger Alptraum. Jeder Nerv, alles Denken ist auf die Apokalypse ausgerichtet. Diese lähmende, fressende Angst! Hoffnungslose, qualvolle Gegenwart. Habe ich einmal anders gelebt? Ohne die bleierne Schwere in den Gliedern, ohne dieses Tag und Nacht zu einer langen Tortur verschmelzende Trauma? War ich einmal glücklich?

Was erhält mich noch am Leben? Was wird aus Tina, Christine, Andreas? Ihr Schicksal ist meines.

Es ist Vollmond. Silbrig-kalt, teilnahmslos zieht er

seine Bahn. Totes Gestirn. Nur dieser eine Planet, die einzige Ausnahme in den Raumwüsten des Alls, ist voll Leben. Es gibt keinen zweiten. Wir haben keinen Ersatz. Man hätte ihn pflegen und beschützen sollen, ihn lieben sollen, trotz aller Lebensfeindlichkeit.

Stattdessen wird er zerstört.

Bundesregierung und NATO-Hauptquartier haben eine totale Nachrichtensperre über die Situation in den atomar angegriffenen Gebieten Eifel, Hunsrück und Schwäbische Alb verhängt. Die Bevölkerung soll offenbar nicht noch stärker beunruhigt werden. Was heißt „noch stärker" angesichts dieses nicht enden wollenden Schreckens? Radioaktiver Fallout ist möglicherweise schon über uns. Atme ich die tödliche Strahlung schon ein, während ich hier sitze und schreibe? Bin ich gerade dabei, getötet zu werden?

Diese Vorstellung berührt mich überraschend wenig. Es ist eher ein Gefühl des Widerwillens.

Was ist mit den Menschen in Ulm, Mutlangen, Schwäbisch Gmünd, Bitburg, Hermeskeil? Der BBC-Sprecher berichtete heute morgen von „brennender Landschaft". Die Wälder sind trocken wie Zunder und vergrößern die verheerende Wirkung von Atomwaffen. 60 nukleare Einschläge, jeder stärker als die Hiroshima-Bombe. In diesen Gebieten muß das Inferno toben. An medizinische Hilfe zu denken, ist absolut sinnlos. Für Hunderttausende von Strahlenopfern gibt es in der gesamten Bundesrepublik 60 Betten. Mich schaudert. Hunderttausende von schwersten Brandverletzungen! Alle medizinischen Möglichkeiten dieses Staates sind schon jetzt hundertfach überfordert. Und noch kein Ende. Welch ein Verbrechen.

Haben die sowjetischen Raketen wenigstens ganze Arbeit gemacht? Steht Ulm noch? Schwäbisch Gmünd? 60 Atomsprengköpfe, ein Flächenschlag, das ist Auslöschung, da ist kein Leben mehr möglich. Aber an den Randzonen, fernab der Pershing-Stellungen! Und alles so nahe. Dennoch gelingt mir keine Vorstellung von dem Inferno, das jetzt dort wütet. Ich erfasse es nicht, kann es nicht. Nur die Ahnung von unendlicher Grausamkeit.

Schwere Kämpfe an der Front. Göttingen ist gefallen, meldet BBC, die sowjetischen Panzerspitzen nähern sich Hannover. Auch Hamburg ist bedroht. Aber der sowjetische Angriff scheint nicht so recht voranzukommen, trotz heftiger Artillerievorbereitung. Die befürchteten massiven Panzerdurchbrüche sind bisher ausgeblieben. Briten und Amerikaner haben mit konventionellen Marschflugkörpern die Weichsel- und Oderbrücken zerstört, NATO-Jagdbomber brachten offenbar die zweite Welle des Warschauer Pakts hinter den Linien zum Stehen. Schwere sowjetische Luftangriffe gegen militärische Ziele in der Türkei, dagegen ist es wohl an den Grenzen zu Griechenland noch ruhig. Bulgaren und Rumänen scheinen es nicht eilig zu haben. Die Lage in Nordnorwegen ist unklar. Was läßt sich schon nach einem Tag sagen! Der konventionelle Krieg ist völlig unwichtig. Eine Seite wird feststellen, daß es für sie ungünstig auszugehen droht, dann setzt sie taktische Atomwaffen ein, und der Krieg ist vorbei. Dann beginnt das Raketenduell.

Wenn ich noch zehn Tage leben sollte, bleiben mir noch 200 000 Atemzüge.

13. August, mittags

Heute morgen ging ich zu Fuß auf die Platte. Von der Aussichtsstelle ein weiter Blick in den Hunsrück. Der sinnliche Eindruck kann doch die Phantasie übersteigen. Eine dicke, schwarze Rauchwand im Westen, offenbar immer noch genährt von Flächenbränden. Träge schieben sich die aufquellenden Schwaden ineinander. Die schwarze Wand hat den ganzen westlichen Horizont verstellt, breit und hoch. Eine fürchterliche Stummheit. Die dicken Wolken wie sattgefressene Riesenschlangen. Dort haust der Tod. Er wird näherkommen und sich ausbreiten, wie ein Leichentuch, das langsam niedersinkt.

Unter mir Wiesbaden und Mainz wie erstarrt.

13. August, abends

Empfindungslose Resignation den ganzen Tag. Es gibt nichts mehr zu sprechen. Die Themen gehen aus.

Außer der Angst ist alles belanglos. Der Stromausfall hält an, wir behelfen uns mit einem alten Spirituskocher, der meinem Vater gehörte. Er brachte ihn aus englischer Kriegsgefangenschaft mit. Die Kunst, mit diesem Ding einen Zimmerbrand oder eine Explosion des Spiritusbehälters zu vermeiden, habe ich nicht verlernt.

Bürgermeister Hofmann macht Hausbesuche und inspiziert die Wohnungen. Strahlt gute Laune aus, Aufmunterungen, Ratschläge, Tips. „Wird schon werden. Kopf hoch." Der Mann wächst über sich hinaus. Er will keine Panik oder auch nur dumpfe Verzweiflung aufkommen lassen. Woher nimmt er die Kraft!

Heute morgen wieder zwei Suizidfälle. Ein Rentner und eine Bauersfrau. Selbstbefreiung. Das Leben, in wenigen Tagen, eine unerträgliche Last.

Die USA fordern von der Sowjetunion ultimativ die sofortige Einstellung der Kampfhandlungen in Europa. Moskau fordert sofortigen Abzug der US-Truppen von Kuba und, und, und ... Ultimativ. Beide wissen, daß der andere die Forderung nicht akzeptieren wird. Es bleibt nur die Eskalation.

Sowjetische Panzerspitzen wurden vor Hannover und Hamburg zum Stehen gebracht. Der BBC-Sprecher rief „victory". Blutiger Irrtum. Das Schrecklichste steht erst noch bevor. Der jetzige Krieg ist nur das Vorspiel, dessen die Politiker und Militärs offenbar bedürfen, um ihre Skrupel und Ängste vor den Atomwaffen loszuwerden. Es ist der Moment des Zögerns vor dem Absprung, dem Sich-fallen-Lassen ins Ungewisse.

Der sowjetische Vormarsch in Pakistan und im Iran wurde mit Atomwaffen gestoppt, kurz bevor die Panzerspitzen die Küste erreichten. Die Unzulänglichkeit von Worten, die Wirklichkeit wiederzugeben. Sie können – und das nicht einmal vollständig – nur das Faktum mitteilen, aber nicht das, was sich wirklich in Iran und Pakistan abgespielt hat: Soldaten, Menschen, junge Menschen zumeist, in Sekundenschnelle verkohlt und zu Asche zerfallen, oder denen die Haut schwarz von den Leibern hängt, so daß sie wie gehäutete Tiere aussehen. Verdampfte Panzer, geschmolzene Lkw, verglühte Kanonen.

Das Faktum: Sowjetischer Vormarsch gestoppt. Der Rest des Faktums: Tausende von Iranern und Pakistanis wurden auf diese grauenhafte Weise gleich mit zerfetzt und gebraten, Städte und Landschaften in eine leblose Wüste verwandelt. Auf Jahrtausende hinaus.

Es war ein Verbrechen der Sowjets, in diese beiden Länder einzumarschieren. Faustrecht. Aber ein ebenso großes Verbrechen der Amerikaner, diesen Vormarsch mit Atomwaffen zu stoppen. Faustrecht. Ehe sich die beiden Großen angreifen, schlagen sie erst die wehrlose, schwache Welt ringsum in Trümmer. Im Grunde genommen schonen sie sich auf Kosten der Existenz der Kleinen. Unbeschreibliche Niedertracht. Sollten sie überleben, wird der Anblick dessen, was sie angerichtet haben, eine schreckliche Rache sein.

Ich will mich mit allen Kräften dagegen wehren, daß diese Bedrohung, auch wenn sie stündlich näherrückt, mein ganzes restliches Leben ausfüllt wie eine klebrige, giftige Masse. Tina sagt, sie versuche dies auch und es gelänge ihr sogar manchmal. Es sei wie eine Befreiung.

Die sinnlich erfahrbare Welt ist auf Taunusrodt zusammengeschrumpft. Allenfalls könnte man noch die 12 Kilometer nach Wiesbaden laufen oder nach Idstein. Ansonsten sind die batteriegespeisten Rundfunkempfänger die einzige Verbindung zur Außenwelt. Diese existiert nur in der Vorstellung.

Tatsächlich funktionieren die meisten Autos nicht mehr. Es ist unheimlich: Eine unsichtbare, nicht spürbare Kraft hat sie einfach lahmgelegt. Das Auto stand für Freiheit, für Überwindung von Distanzen, vielleicht auch für Flucht und Rettung. Jetzt bleibt nur noch das Fahrrad.

Die vollständige Abhängigkeit von elektrischem Strom wird erst jetzt ganz deutlich. Man fühlt sich ungeschickt und hilflos. Die Hand greift immer wieder zum Lichtschalter. Hin und wieder hebe ich den Telefonhörer ab und horche, ob er funktioniert. Ob ich jemals wieder die Stimme von Andreas hören, ihn gar wieder sehen werde?

Die Mauersegler haben uns als erste verlassen. Vermisse die kleinen schwarzen Teufel, die abends aufgeregt um den Kirchturm jagten.

14. August, mittags

Der Alptraum der Nacht ging in den des Tages über. Wir wurden durch Schreckensrufe bei Thönnessens geweckt. Thönnessen hat sich erhängt, ein Sohn fand ihn am Morgen im Keller. Gestern abend war seine Tochter aus Liebichheim herübergekommen und hatte der Familie mitgeteilt, daß sie ein Kind erwarte. Das hatte sich Thönnessen seit langem gewünscht. Er hat sogar schon einmal gesagt, daß er — wenn die Tochter und der Schwiegersohn nicht bald für einen Enkel sorgten — sich einen adoptieren würde. Was muß in dem Mann bei dieser Nachricht vorgegangen sein!

Sowjetischer Durchbruch im Raum Coburg-Hof. Bamberg ist bedroht. Der BBC-Sprecher meint: Nichts Ernstes, der Angriff könne zum Halten gebracht werden. WP-Truppen sind auf dem Rückzug aus dem Raum Hannover. NATO-Jagdbomber fliegen Angriffe tief in die DDR und CSSR. Aber auch sowjetische Maschinen durchbrachen gestern und heute nacht mehrmals die westliche Flugabwehr und bombardierten Versorgungsdepots. Konventionelle sowjetische Marschflugkörper setzten zwei Raffinerien bei Wilhelmshafen und Bremen in Brand. Die Wirkung der modernen Waffen ist verheerend. Hohe Verluste auf beiden Seiten. Flächenbrände in den trockenen Wäldern Osthessens und Niedersachsens. Nirgendwo ist die Rede von der Bevölkerung. Wo ist die geblieben? Quantité négligeable.

Schwere Seegefechte bei Spitzbergen sowie südlich von Island und Grönland. Die Sowjets versuchen offenbar den Durchbruch in den Atlantik. Angesichts der Atomwaffen, die beide Seiten in Bereitschaft halten, vermitteln sich diese Kämpfe wie Vorgeplänkel.

Die gefährlichste Nachricht aber aus Saudi-Arabien: Die US-Verbände der schnellen Eingreiftruppe sollen so gut wie aufgerieben worden sein. Die Sowjets haben die besseren Nachschubverbindungen. Amerikanische Entsatzversuche aus Stützpunkten in Oman und Somalia scheiterten. Viele Erdölfelder stehen in Flammen.

14. August, abends

Hofmann „beschlagnahmt" die Vorräte des Supermarktes und einer Reihe Spezialgeschäfte. Die Versorgung des Ortes müsse nach Plan sichergestellt werden. Bei seinen Hausbesuchen ist er zu dem Ergebnis gekommen, daß sich die Haushalte mit Vorräten für rund acht Woche eingedeckt haben. Dann drohten aber Engpässe. Bewundernswerter Optimismus, der aber guttut.

Nur an genügend Kerzen und Petroleumlampen hat seltsamerweise niemand gedacht. Sie sind nicht mehr zu haben.

Frau Thönnessen ist völlig verstört, Tina kümmert sich um sie. Dieser lebensfrohe Mann, dem die Familie alles war. Das Schicksal ist nicht nur grausam, sondern auch zynisch. Als ob es noch nicht genug wäre.

Christine ist sehr gefaßt. Sie lehnt es ab, ständig am Rundfunk zu hängen, um sich von den neuesten Katastrophennachrichten schocken zu lassen. Sie bringt es fertig, zu lesen, Marcel Proust, „Auf der Suche nach der verlorenen Zeit". Sie sagt, sie erwarte nichts mehr. Ralf dagegen ist wesentlich unruhiger, er kämpft mit der Angst wie wir alle. Ein unheimliches Gefühl, zu Lebzeiten schon so gut wie tot zu sein.

15. August

Wieder bebt die Erde. Das Dröhnen riß uns aus dem Schlaf. Diesmal kommt es aus dem Osten. Atombomben. Die Haut zieht sich eiskalt auf dem Rücken zusammen. Die einzelnen Explosionen sind deutlich zu hören. Stundenlang.

Von der Terrasse blicken wir nach Osten, wo sich die Sonne schwerfällig über den Hügeln erhebt. Nach jedem Einschlag scheint ein Schauer durch die Landschaft zu gehen. Die Birken zittern. Kurz nach 7 Uhr in nordöstlicher Richtung ein schwarzer Rauchpilz, ganz klar im Feldstecher zu erkennen. Kurz darauf im Osten gleich mehrere, sie wachsen hoch in den Himmel. Atombomben, Deutschland versinkt. Seine Geschichte geht zu Ende.

Um 11 Uhr meldet BBC einen umfassenden und massiven „Schlagabtausch“ mit taktischen Atomwaffen entlang der Frontlinie. Unklar, wer zuerst begonnen hat. Das ist ohnehin nicht mehr wichtig. Hunderte von Atomwaffen müssen explodiert sein. Einige Detonationen waren so nah, daß die Sowjets militärische Ziele auch in der Tiefe der Bundesrepublik angegriffen haben müssen. Der nahe Atompilz im Nordosten: Gießen? Im Osten, zum Greifen nahe: Büdingen?

12.30 Uhr: Der hektisch und kaum noch kontrolliert sprechende BBC-Reporter berichtet von einem Inferno. In der Kampfzone tobten Flächenbrände, Städte und Dörfer existierten nicht mehr. In der DDR und CSSR sei das Desaster ähnlich grauenhaft. Von Truppenbewegungen sei nichts mehr festzustellen. Die britische und amerikanische Aufklärung habe in der Nähe der bombardierten Ziele keinerlei Lebenszeichen feststellen können. Das Ausmaß der Katastrophe könne nur geahnt werden, da der radioaktive Niederschlag als schwarzer Regen zu fallen beginne und auch die nicht unmittelbar betroffenen Gebiete heimsuche.

14 Uhr: Die Apokalypse ist über die Menschen beiderseits der Frontlinien hereingebrochen. Außer der BBC berichtet auch der AFN von panikartiger Massenflucht. Die Flächenbrände nehmen zu. Zehntausende von Flüchtlingen sind von den Flammen eingekreist. Hunderte von Ortschaften brennen. An den Randzonen verstopfte Straßen. Zurückflutende Truppeneinheiten schießen sich den Weg frei, fahren über die Menschen hinweg. Treibjagd.

Nach Schätzungen des NATO-Oberkommandos explodierten heute morgen etwa 2000 nukleare Sprengköpfe auf westdeutschem Gebiet. Die NATO setzte etwa 2800 ein, von denen zwei Drittel ebenfalls auf westdeutschem Gebiet detonierten.

Erst jetzt wird klar, daß die Sowjets auch zahlreiche Ziele in Westniedersachsen, der Pfalz und Südbayern atomar angegriffen haben, zumeist Flugplätze und Depots. Offenbar viele Fehltreffer. Mehrere Einschläge entlang der Autobahn Stuttgart-Nürnberg, wo französische Einheiten vorrückten. Riesige Verwüstungen im Raum Ansbach-Eichstätt, wo weitreichende französische „Hades“-Raketenbatterien mit taktischen Atomsprengköpfen in Stellung gegangen waren. Auch die Westpfalz ein brennendes Inferno. Ramstein, Baumholder – von der Erde getilgt. Volltreffer auf Kaiserslautern.

Westberlin schon seit zwei Tagen in sowjetischer Hand. Wurde gar nicht weiter notiert. Lappalie.

16 Uhr: Die NATO bietet dem Warschauer Pakt Waffenstillstand an. Die Sowjetunion ist unter der Bedingung dazu bereit, daß die USA alle Stützpunkte in Mittel- und Fernost räumen, die interkontinentale Bomberflotte auf dem Boden halten und die strategischen U-Boote auftauchen. Nur dann sei strategische Gleichheit hergestellt. Die UdSSR erklärt sich bereit, ähnlich zu verfahren.

17 Uhr: Die Vereinigten Staaten lehnen die sowjetischen Bedingungen ab.

18 Uhr: BBC meldet, in Großbritannien stationierte F-121-Mittelstreckenbomber hätten am Nachmittag hunderte atomarer Marschflugkörper auf Ziele in der DDR, CSSR und Polen abgefeuert. Ebenfalls mehrere hundert Cruise Missiles seien von der Mittelmeerflotte aus gegen Bulgarien, Ungarn und Rumänien gestartet worden.

Kurz darauf ist die BBC verstummt. Eine Stunde später meldet ein unbekannter englischsprachiger Sender, daß zahlreiche Atomraketen über Mittelengland niedergegangen seien. Die Raketenbasen bei Greenham Common vernichtet. Gleichzeitig warnt Moskau die britische Regierung, die strategische U-Boot-Waffe einzusetzen, da andernfalls die britischen Inseln in eine Wüste verwandelt würden – „für alle Ewigkeit“. Die USA werden dafür haftbar gemacht, daß die Briten nicht reagieren, da ohne amerikanische Zustimmung die Tridents nicht abgefeuert werden könnten.

15. August, Mitternacht

Sentimentaler Gedanke, daß jetzt ein Aufschrei um die Welt geht, aus Milliarden Kehlen von Washington bis Moskau. Was würde es uns noch nützen? Aber vielleicht den anderen. Noch ist erst Europa vernichtet, noch warten Milliarden auf ihr Ende. Können sie es verhindern? Diese Kriegsmaschine stoppen? Zu spät.

Ich bin ganz ruhig, fühle mich fast schwerelos. Der Körper ohne Empfindung. Einbruch der Ewigkeit. Das Ende erscheint plötzlich vertraut. So oft vorweggelebt, vorwegerlitten, vorweggestorben. Jetzt ist es genug. Wir werden das Ende erwarten und sehr erleichtert sein, wenn es da ist. Was ist noch zu erwarten?

Ich kann mich an die Tagebucheintragungen von heute nachmittag kaum noch erinnern. Will es nicht. Die flackernde Kerze ist ohnehin bald erloschen, werde für heute keine neue anzünden.

Tragödie der Jugend. Verbrechen an der Jugend. Ich bin 60, und habe mein Leben gelebt. Höhen und Tiefen, Freude und Schmerz, Erfolg und Mißerfolg, Sehnsucht und Erfüllung. Ich habe gern gelebt. Der Widerspruch des Lebens ist nicht der Tod, sondern das Nichtgeborensein. Das Tot-Sein ist die andere Seite des Lebens. Ich habe meine Vergangenheit und die Erinnerung. Ich muß aber die Erinnerung festhalten, die mir zu entgleiten droht. Sich nicht überwältigen lassen von der Gegenwart. Das Leben gegen die Angst retten.

Was ist aber mit den Kindern, der Jugend, die keine Erinnerung an ein Leben hat, sondern nur das Recht auf eine Zukunft? Dieses Recht wurde ihnen genommen mit brutaler Selbstverständlichkeit. Die ungeborenen Generationen!

Julien Green hat Recht: Wir Älteren sind alle mitschuldig an diesem planetarischen Verbrechen. Wir haben das Schicksal der Erde intellektuell und moralisch unzulänglichen Menschen anvertraut. Haben uns nicht beizeiten gewehrt. Wir haben die CDU-Politiker Würzbach und Berger sagen lassen: „Eine Grundproblematik atomarer Sicherheit besteht darin, daß die westliche Gesellschaft kaum mehr bereit ist, unter Umständen die Gesundheit und das Leben zu opfern, um die freie nationale Selbstbestimmung zu verteidigen."

Sie war bereit. Sie hat das Leben geopfert. Sie hat auch für die Kinder und die Jugend mitentschieden und auch deren Leben geopfert. Und dazu hatte sie kein Recht. Daher hat sich die ältere Generation eines

Verbrechens schuldig gemacht, das in des Wortes schrecklichster Bedeutung nicht wieder gutzumachen ist. Es ist das totale Verbrechen, das alle Verbrechen der Menschheitsgeschichte als harmlose Vergehen erscheinen läßt. Die Jugend ist nur Opfer. Wir älteren sind Täter und Opfer in einem: Selbstmörder.

16. August, nachmittags

Halb Wiesbaden ist in die Wälder rings um den Neroberg geflüchtet. Wahnsinn: Jeden Moment können die Wälder in Flammen stehen. Ein Scheiterhaufen! Es ist nur noch eine Frage der Zeit, bis jede Ordnung zusammenbricht und die Massen kopflos in den Taunus hineinflüchten. Spielende Kinder machen die Erwachsenen noch nervöser. Berittene Polizisten versuchen über Megaphon, die Leute zur Rückkehr in die Stadt zu bewegen. Vergebens. Überall Erdlöcher, Zelte, Feuerchen, ausdruckslose Gesichter, dumpfes Warten.

Die Stadt ist wie ausgestorben, überquellender Müll, Unrat. Nur wenige Menschen — meist Ältere. Angst in fiebernden Augen, stumm. Erlöschendes Leben. Mehrere Ambulanzen, aber ohne Blaulicht und Martinshorn.

Dennoch erstaunliche Disziplin der Stadtverwaltung, fast verbissene Gegenwehr gegen die wie eine Springflut hereingebrochenen Schwierigkeiten. Angst vor dem totalen Chaos. Die städtischen Bediensteten wüßten, sagt Karasch, daß die Stadt im Chaos versinken würde, wenn sie nicht ihr Letztes gäben. Allparteienkoalition, Krisenstäbe für Kommunikation, Dienstleistungen, Versorgung, öffentliche Sicherheit. Bürgerwehren aus Mitgliedern aller Parteien zur Unterstützung der Polizei. Auch die Gewerkschaften, Kirchen und andere Organisationen sind aktiv.

Die Radioaktivität im Stadtgebiet sei dramatisch angestiegen, sagt Karasch. Heute morgen 60 rem, gestern erst 10. Radioaktiver Fallout aus dem Hunsrück. Das Leichentuch ist unsichtbar.

Fieberhaftes Bemühen, die Folgen der elektromagnetischen Pulse zu beheben, um das städtische Elektrizitätswerk wieder in Gang zu setzen. Die Kohlevorräte reichen für zwei Wochen. Was dann? Ist langfristige Planung nicht gegenwärtig überhaupt absurd?

Alle Dienstleistungs- und Versorgungsstrukturen sind zusammengebrochen. Die Situation in den Kliniken ist verzweifelt. Mehrere Notstromaggregate ausgefallen. Die Intensivstationen wurden aufgelöst, Operationen sind fast nicht mehr möglich.

Einige städtische Fahrzeuge konnten repariert werden, dadurch gibt es eine Notversorgung mit Trinkwasser. Dennoch ist die Trinkwasserknappheit äußerst bedrohlich. Wenn die Wasserversorgung nicht bald funktioniert, ist alles aus, sagt Karasch. Das Seuchengespenst.

Erste Plünderungen. Die Aggressivität steigt, Kampf ums Überleben, keine Kriminalität. Bürgermilizen. Überfälle oft am hellichten Tag. Da Telefon und elektrische Sicherheitseinrichtungen nicht funktionieren, ist die Polizei machtlos. Die Ordnungskräfte sind pausenlos im Einsatz und an der Grenze der physischen und psychischen Leistungsfähigkeit.

Feuergefahr durch die primitiven Herde und Kochstellen mit offenem Feuer in den Haushalten, größtenteils ohne Kamine. Moderne Wohnungen sind für solche Extremsituationen nicht ausgestattet. Eine Unachtsamkeit und die Stadt brennt ab. Die Feuerwehr wäre hilflos, man könnte nicht einmal wie im Mittelalter mit Eimerketten löschen. „Wir sind faktisch am Ende“, sagt Karasch, „auch ohne Atombombe. Die Umstellung auf ein vorindustrielles städtisches Leben kann nicht gelingen.“ Jede soziale Ordnung wird sich auflösen. Die Stadt ist nicht vorbereitet auf eine solche Situation.

An die Bevölkerung werden Jodtabletten gegen radioaktive Strahlung verteilt. Hunde und Katzen werden eingesammelt und getötet. Eine vorbeugende Maßnahme gegen Seuchengefahr. „Massenanfall an Selbstmorden“ wird registriert, löst aber in der Großstadt weiter keine Beunruhigung aus. Jeder Selbstmord ist die Lösung eines sozialen Problemfalles. Erhebliche Schwierigkeiten machen dagegen die zahllosen Betrunkenen. Die Trunkenheitsdelikte sind kaum in den Griff zu bekommen, ebensowenig die Zahl psychopathologischer Reaktionen. „Die Leute drehen durch." Private Bewältigung staatlich verschuldeter Lebensangst. Oder Todesangst.

Hilferufe aus den Gemeinden im Hunsrück werden abschlägig beschieden. Abgesandte kommen und flehen, Ärzte zu schicken, Medikamente, Ausrüstungen, Versorgungsgüter. Hunderttausende, wenn nicht Millionen müssen verletzt sein. Aber die Stadt kann sich nicht einmal selbst helfen und muß obendrein auf das Schlimmste gefaßt sein. Heute morgen ein Funkspruch der Bundesregierung und gleichzeitig die Aufforderung der Landesregierung, alle entbehrlichen Ärzte und Medikamente im Rahmen des Gesundheitssicherstellungsgesetzes freizustellen und nach Osthessen oder in den Hunsrück zu schicken. Der Magistrat lehnt ab, er sei jetzt ausschließlich den Bürgern Wiesbadens verantwortlich. Ärzte und Sanitätspersonal werden außerhalb des Stadtzentrums in entferntere Vororte verlegt, sofern sie nicht gerade Dienst tun. Auch die Medikamentenvorräte werden ausgelagert. Eine Vorsorgemaßnahme für den Fall eines atomaren Angriffs. Ein Versuch, Lehren aus Hiroshima zu ziehen, wo die Bombe gleichzeitig fast das gesamte Rettungswesen zerschlug. Aber es war Hilfe von außen möglich. Jetzt wird niemand helfen können.

Karasch und seine Mitarbeiter sind am Ende ihrer Kräfte. Der Kollaps einer modernen Stadt. Der ganze Staat wie eine auf den Rücken gedrehte Schildkröte, hilflos, obwohl er immer noch vor Waffen starrt und der Feind „erfolgreich" abgewehrt ist.

Mühsamer, schweißtreibender Rückmarsch über die Platte. „Fallout – Fallout". Heute schon 60 rem. Wenn du 250 rem in dir hast, beginnst du zu krepieren. Und du lädst dich auf, mit jedem Atemzug, unweigerlich, unerbittlich. Bald hast du die 250 rem. Hör' einfach auf zu atmen! Kann man nicht! Du kannst, denn du mußt.

Kurz vor dem Jagdschloß Platte sprang ein Junge auf mich zu, vielleicht 11 Jahre alt. Er habe solche Angst, ob ich ihn nicht mitnehmen wolle. „Wo sind denn deine Eltern?" Er wies in den Wald. „Aber du kannst doch nicht einfach davonlaufen!" Er habe aber Angst – und die Eltern noch viel größere. Ich dagegen hätte bestimmt keine. Ich ginge ja auch aus der Stadt weg.

16. August, abends

Katastrophe im Mittelmeer. Radio Bern: Nach totaler Versenkung der sowjetischen Esquadra sowjetischer Gegenangiff mit Backfire-Bombern und Marschflugkörpern. Über dem Gros der 6. Flotte mit zwei Flugzeugträgern sei eine Atombombe abgeworfen worden. Riesige Springfluten verwüsteten die Küsten des östlichen Mittelmeeres. Das Nildelta sei verschwunden, ganze Küstenstädte ins Meer gespült.

Wieder Flüchtlinge in Taunusrodt. Etwa 25 Personen, total erschöpft und von den Anstrengungen gezeichnet. Sie ließen sich auf dem Marktplatz nieder und warteten apathisch, lange Zeit nicht ansprechbar. Eine der Frauen berichtete dann, daß sie bis Idstein von Bundeswehrsoldaten mitgenommen worden seien. Dort habe man sie gleich abgewiesen, denn die Stadt sei mit Flüchtlingen überfüllt. Sie kämen aus der Gegend von Büdingen. Nach den Einschlägen der Atombomben seien sie einfach losgerannt, immer nach Westen. Die Frau konnte ihr Entsetzen nicht in Worte fassen. Der Detonationsknall habe sie betäubt. Dann sei das Feuer bis in den Himmel hochgeschossen. Glühender Trümmerregen. Sie hätte gedacht, die Welt gehe unter. Auf ihrer Flucht hätten sie Menschen umgerannt, die blind gewesen seien, die hätten geschrien, „ich kann nicht mehr sehen, ich kann nicht mehr sehen!" Überall Flüchtende, Massen von schreienden Menschen! Die Soldaten hätten den Leuten, die sich an die Transporter klammerten, die Finger mit dem Gewehrkolben zerstoßen. Der Fahrer habe nur noch Gas gegeben, sonst wären sie steckengeblieben. Die Leute brächten sich sogar gegenseitig um.

Als Hofmann ihre Unterbringung in der Turnhalle anordnete, stellte sich heraus, daß die Gruppe aus Menschen bestand, die einander gar nicht kannten. Zufällig während der Flucht zusammengewürfelt.

Hat dieser Staat überhaupt noch eine Regierung? Gibt es überhaupt noch einen Staat? Die Erde hat die

Regierung verschluckt. Keine Kapitulation. Der Krieg, eigentlich nicht erklärt und völkerrechtlich gar nicht vorhanden, wird nicht beendet. Seit heute morgen landen wieder ununterbrochen schwere US-Transportmaschinen auf Rhein-Main. Der Erbenheimer Flugplatz wird von Düsenjägern angeflogen. Warum kein Ende? Die Bundesregierung ist offenbar nicht mehr Herr im Staat. Es bestimmen die USA. Der Krieg geht weiter. Ich habe eine furchtbare Vermutung: Die US-Transporter fliegen keine Medikamente nach Rhein-Main, sondern neue Waffen. Die Interessen der Vereinigten Staaten werden bis zum Letzten durchgefochten, und dafür ist die Bundesrepublik die geeignete Abschußrampe. Welche Freiheit wird denn noch verteidigt? Welche nationale Selbstbestimmung? Macht doch endlich Schluß! Dieser Staat ist auf Jahrzehnte erledigt. Selbst das verschont gebliebene Europa könnte uns nicht mehr helfen. Millionen müßten evakuiert werden. Wohin? Wer würde uns aufnehmen? Diesen zertrümmerten Staat will man doch nicht einmal geschenkt!

16. August, Mitternacht

Nur noch besessener Zerstörungswille. Es geht eigentlich nicht mehr darum, einen Feind zu vernichten, nur noch die geheime Lust, diesen Planeten in Stücke zu schlagen. Die Wollust, über totale Zerstörungsinstrumente zu verfügen, mit denen sich die Apokalypse auslösen läßt, real und wirklich. Für Stunden oder Tage allmächtig zu sein, das Gesetz des totalen Handelns an sich zu reißen, Gott zu sein. Die Lust des Kindes, das mit dem Hammer eine Christbaumkugel zerschlägt.

Die Behauptung von Kant und Marx, die ganze Welt müsse teleologisch bezogen werden auf den Endzweck aller Schöpfung: den Menschen – jetzt welch ein Hohn. „Es gibt weder 'Geist' noch Vernunft, noch Denken, noch Bewußtsein, noch Seele, noch Wille, noch Wahrheit: Alles Fiktionen, die unbrauchbar sind.“ Mit allen Kräften, dessen es fähig ist, hat das 20. Jahrhundert sich bemüht, diese Aussage Nietzsches zu bestätigen.

„Es scheint mir, daß der Versuch der Natur, auf dieser Erde ein denkendes Wesen hervorzubringen, gescheitert ist“ (Max Born).

Seine Schrift „Die Zerstörung der Ethik durch die Naturwissenschaft“ verhallte ungehört. Nie hat einer das menschliche Dilemma unbarmherziger und doch mit so inbrünstigem Glauben an die Vernunft beschrieben. Die Naturwissenschaften sind Ausdruck der Fähigkeit des Verstandes, Höchstleistungen zu vollbringen, aber ausgeliefert politischem Machtstreben, destruktivem militärischem Anspruch und ökonomischen Verwertungsinteressen. Höchste Kreativität als bloßes Instrument von Destruktivität. Die Hoffnung Galileis, daß sie die Mühseligkeit der menschlichen Existenz erleichtern würden, trog am Ende. Sie trug dazu bei, die menschliche Existenz zu vernichten. Die größte intellektuelle Leistung des Menschen überforderte seine ethischen Kräfte. „Alle Versuche, unseren ethischen Kodex unserer Situation im technischen Zeitalter anzugleichen, sind fehlgeschlagen.“ Die technische Zivilisation, künstliche zweite Natur, entfremdet und entfremdend, scheinbar omnipotent, ist schon seit langem unbegreifbar und unkontrollierbar, „ein vom Verstand in Gang gesetzter Prozeß, der aber nicht vom Verstand kontrolliert wird“. Die Naturwissenschaftler – Sklaven der Macht und des Profits – gaben die Kontrolle über ihr Tun preis, an Zauberlehrlinge; sie hatten wohl Verstand, aber keine praktische Vernunft, daher keine gesellschaftlich wirkende Ethik. Born: „Ihre politischen und sittlichen Urteile sind oft primitiv und gefährlich.“ Es ist undenkbar, die Gesellschaft ohne ethische Prinzipien zusammenzuhalten, oder ethische Prinzipien von rationalen naturwissenschaftlichen Methoden abzuleiten. „Die Welt bewegt sich in Richtung Hölle, mit einer hohen Geschwindigkeit, einer positiven Beschleunigung und vielleicht sogar mit einer anwachsenden Zuwachsrate dieser Beschleunigung“ (Robert Oppenheimer).

Die Warner haben sie abgetan als Propheten der Apokalypse, die nichts gelten: Born, Einstein, Oppenheimer, Sacharow, auch Militärs wie Mountbatten, Pasti, La Rocque. Aber es waren keine eifernden Berufssektierer, Offenbarungsprediger, von Trance übermannte Spätpubertäre, wie sie jetzt in den Städten auftauchen, sondern Ahnende, Wissende. Aber sie waren zu wenige, gegen die Hunderttausend auf der anderen Seite, die ihre eigene ethische Verantwortung einer unverbindlichen politischen Verantwortungsethik auslieferten. Diese zweite Natur tendiert zum Exterminismus, und die Selbstauslöschung werde endgültig sein, warnte Edward P. Thomson. Kein traditioneller Kulturpessimismus, sondern Zahlen und Fakten, schließlich der Beweis. Die tödliche Dialektik des Menschen, Rilkes „reiner Widerspruch".

Welch einem Druck und welch einer Verführung war die Politik ausgesetzt. Von den Forschungsstätten und Laboratorien der Rüstungsindustrie setzten sie sich fort in unterirdischen, klimageregelten Räumen, wo der strategische Krieg in allen Varianten simuliert wurde, von dort zu den Verteidigungsministern und sicherheitspolitischen Beratern der Regierungschefs. Machen, was machbar erschien. Totale Militarisierung der Innen- und Außenpolitik. Soziale Konflikte als militärische Probleme. 160 Kriege in 50 Jahren, 20 Tonnen Sprengstoff pro Erdenbewohner, in raffinierte, unter allen Bedingungen funktionierende, automatische, selbst denkende Technik eingebaut.

Der Exterminismus ist das Waffensystem und der gesamte wirtschaftliche, wissenschaftliche, politische und ideologische Unterbau zur Unterhaltung dieses Waffensystems ist das soziale System, das dieses Waffensystem erforscht, auswählt, herstellt, überwacht, rechtfertigt, in Betrieb hält — und anwendet.

Dazwischen liegt das Versagen der Institutionen, der Justiz, der Parteien, der Gewerkschaften, der Kirchen, der Intelligenz, der Presse. Unentwegt haben sie geächtet: Die Umweltzerstörung, die Atomwaffen, den Rüstungswahn. Ächtung der Folgen! Die Verantwortlichen wurden nicht geächtet, nicht beim Namen genannt. Die Urheber blieben namenlos.

Das war kein Zufall, das war ein unerbittlicher Prozeß.

Veitstänze der Schatten im Schein der flackernden Kerze. Gestalten, die nach mir greifen. Halluzinationen und der Wunsch nach dem Ende.

Verantwortung oder Determinismus? Freiheit und

Ethik oder unerbittliches Schicksal? Der Mensch als „oberster Zweck der Natur“, oder ein belangloser Strukturdefekt? Kant oder Nietzsche, Schuld oder Tragik? Keine Antwort.

Woher nahmen wir das Vertrauen in das infinite Funktionieren dieses Systems. Born spricht wie Nietzsche, ohne ihn zu kennen: „Sollte die Menschenrasse nicht durch einen Krieg mit Kernwaffen ausgelöscht werden, dann wird sie zu einer Herde von stumpfen, törichten Kreaturen degenerieren unter der Tyrannei von Diktatoren, die sie mit Hilfe von Maschinen und elektronischen Computern beherrschen.“

So weit waren wir bereits.

Letzte Hoffnung der Skepsis war: Aus Katastrophen lernen (Georg Picht). Es gab Lernprozesse. Es wurde alles begriffen und beschrieben und prognostiziert. Aber die Umsetzung der Erkenntnis in politische Entscheidungen und in kollektive Vernunft mißlang. Was hat die Politik aus der Katastrophe in der Dritten Welt gelernt? Warnungen vor „drohenden“ Katastrophen, trotz 120 Millionen jährlicher Hungertoter. Was hat die Politik aus der Umweltkatastrophe gelernt? Die Züchtung giftresistenter Bäume mit Schnellwuchs. Was aus der Einsamkeits- und emotionalen Verrohungskatastrophe? Kabelfernsehen, 40 Programme. Was aus der Verzweiflungs- und Suchtkatastrophe? Verwahrung und Kontrolle. Was aus den 160 Kriegen seit 1945? Abschreckung mit 90000 Atomwaffen und 45000 Megatonnen.

Apathisches Warten auf den Holocaust, so oder so.

Christus, Kant, Marx: Utopien, Fortschritt auf dem Weg dorthin. Nur die planetarische Explosion der ratio. Zur Harmonisierung fehlten eine Million Jahre. Die Erde als Rohstofflager, Produktionsfaktor, Mülldeponie. Geplündertes Raumschiff, das gerade gesprengt wird. Der „Wille zum Nichts“. Das ist der „Weltgeist“, der Sinn der Geschichte, „diese lange Fülle und Folge von Abbruch, Zerstörung, Untergang, Umsturz ... Der Mensch, eine kleine, überspannte Tierart, die ihre Zeit hat; das Leben auf der Erde ein Augenblick, ein Zwischenfall, eine Ausnahme ohne Folge, etwas, das für den Gesamtcharakter der Erde belanglos bleibt.“

Frieden, das ist das Gegenteil von Menschsein.

17. August, mittags

Das Grauen schüttelt mich. Fieber, Wahn, Halluzinationen. Eiserne Ringe um den Schädel, als ob die Augäpfel platzten. Schweißnaß vor Todesangst. Wir werden verschlungen, die Apokalypse greift nach uns, unbarmherzig, unerbitterlich. Kein Entrinnen. Keine Hilfe. Niemand hört uns.

Frankfurt ist ausgelöscht. Die Stadt existiert nicht mehr. Heute morgen kurz nach 7 Uhr ein aufzuckender, blendender Schein, der das Licht der aufgehenden Sonne verdrängte. Fahles Weiß, das unbegreifliche Phänomen der doppelten Sonne. Dann – eine Ewigkeit – der Knall, als habe sich die Platte in einen explodierenden Vulkan verwandelt. Ruckartiges Zusammenkrampfen des Körpers. Betäubung, Erstarrung, der Rücken wie mit Nägeln gespickt. Eine Riesenfaust rüttelte am Haus und drückte die Scheiben ein. Putz fiel von der Decke. Erste Wahrnehmung: ein Blitzschlag. Zweite Wahrnehmung: eine Bombe. Ein pfeifendes, scharfes Geräusch in der Luft, dann langanhaltender Donner, das Getöse eines Orkans. Wiesbaden!

Die Sonne verdunkelte sich. Im Osten türmte sich eine riesige schwarze Rauchsäule in den Himmel, durchzuckt von roten Blitzen. Feurige Fontänen schossen aus ihr wie Raketen. Glühende Kaskaden regneten nieder. Die Erde bebte, wie von gewaltigen Schlägen getroffen, als würde sie bersten. Die schwarze, wirbelnde Säule, die sich in den Himmel bohrte, sich dann träge ausbreitete zu einer riesigen Pilzkappe, die den östlichen Horizont umspannte.

Es war Frankfurt. Der Untergang Frankfurts.

Stunden, dann kehrten die Sinne wieder. Schüttelfrost. Tina weiß wie Kalkstein, ihr Körper vibrierte gegen den meinen. Der Versuch, ein Wort zu sagen. Vergeblich. Qualvolles Bewußtwerden der Ohnmacht. Die alles erschlagende Wucht der Gegenwart, die kaum mehr ein Gefühl zuläßt.

17. August, abends

Es war Tinas Idee, zur Platte hinaufzusteigen, während sich in meinem betäubten Hirn die Überlegungen jagten, wie und wohin wir uns verkriechen könnten. Monströser Gedanke, stattdessen dem Inferno entgegenzugehen. „Wir müssen es sehen", hatte Tina gesagt, „wir müssen uns ihm stellen." Warum? Woher ihre Stärke?

Der Anblick der Hölle. Frankfurt brannte von Süden bis Norden. Turmhohe Flammen zum Orkan vereinigt. Schwarze Wolkengebirge in rasenden, kochenden Wirbeln, rissen sich in die Höhe, verschmolzen, jagten auseinander. Trümmerfontänen, als brächen dort, wo die Stadt war, Geysire auf. Zischen und Prasseln in der Luft, das Ächzen der sterbenden Stadt. Explosionen, Funkengarben. Ein schwarzer Taifun, unablässig um sich selbst rotierend, schien die Stadt zu zermalmen.

Weiter südlich das Flammenmeer des Stadtwaldes, das sich immer mehr ausbreitete. Dem Inferno schien kein Maß gesetzt. Die Treibstofflager auf dem Flughafen explodierten, die Flugzeuge, die Munition. Eine Flammenwand hob sich in den finsteren Himmel. Minuten später spürten wir die Hitze im Gesicht, Druck preßte sich auf die Lungen. Dann flog die Caltex-Raffinerie in die Luft. Das Gewirr der Rohre und Anlagen platzte auseinander und jagte Tausende roter Geschosse in die tobenden Rauchwolken. An den Rändern des schwarzen Daches, das Frankfurt begrub, dort, wo Darmstadt im Süden und Friedberg im Norden liegen mußten, fiel grauer Aschenregen in dichten Schleiern.

Frankfurt, Menschen, Freunde, Leben! Alles verbrennt, schmilzt, verdampft, zerreißt. Unendliche, langandauernde Zertrümmerung. Das Inferno hatte sich selbständig gemacht und schien sich unaufhörlich zu reproduzieren, mit unerschöpflicher Energie und stupider Unbarmherzigkeit.

Finsternis über der Mainebene, trotz der im Mittag stehenden Sonne. Brandgeruch. Surrealistischer Wahn. Unfaßbares Verbrechen, jenseits von menschlichem Begreifenkönnen. Die Dimension des jüngsten

Gerichts. Erwartung, daß sich der Himmel auftue und eine riesige, barmherzige Hand den Spuk fortwische.

Der Feuerschein spiegelte sich in Tinas Augen. Ihr Gesicht war von Trauer entspannt, ihre Lippen formten unaufhörlich Worte.

Unter uns Wiesbaden, geklammert an den Neroberg, hilflos. Weiter südlich Mainz in der Rheinebene. Das Aufblitzen der sinkenden Sonne in einigen Fenstern. Bösartige Illumination einer fremden Welt. Oder sind wir auf einem anderen Planeten? Was ist noch Wirklichkeit und was Traum? Am Ende sind wir schon tot? Haben wir je gelebt?

Am späten Nachmittag Tausende von Wiesbadenern mit erhitzten, schweißnassen, starren Gesichtern, überfluten Taunusrodt; der schutzlos daliegende Ort läßt sie zögern, sich ängstlich umblicken. Viele fliehen weiter in Richtung Limburg. Die Taunusrodter fühlten sich überfallen. Aggressive Reaktionen, Handgreiflichkeiten. Die Häuser verbarrikadiert. Zahllose Wiesbadener auf der Flucht in Richtung Wispertal und in den Rheingau. Polizei gab es wohl nicht mehr.

Hofmann setzt uniformierte Freiwillige Feuerwehr ein. Über Megaphon weist er den Landeshauptstädtern eine Wiese am Waldrand zu, zwischen zwei Fischteichen. Die klare, energische Stimme Hofmanns dringt durch die bewußtlose Verzweiflung. Orientierung, gehorchen dürfen, ein Stückchen Weg haben, sich an die Hand genommen fühlen. Befehl an die Männer, in die Stadt zurückzugehen und Decken und Nahrungsmittel zu holen. Striktes Verbot, im Wald Feuer anzuzünden. Die Feuerwehrmänner teilen Wachen ein.

Die verstummten Kinder mit großen, fragenden Augen.

17. August, Mitternacht

Frankfurt brennt immer noch. Roter Feuerschein im Osten, der bis in die Wolken hinaufreicht, die selbst glühen. Keine Kraft, mir vorzustellen, was sich in Frankfurt abgespielt hat. Innere Sperre zur Selbsterhaltung.

Nach Sonnenuntergang ein Bundeswehrtransporter

vor dem Rathaus. 12 erbarmungswürdige Gestalten kletterten mühsam herab, standen ratlos herum, baten um Wasser. Hohlwangige, verschwitzte Gesichter, verdreckte Uniformen, zitternde Knie, alt wirkende Männer von 18, 20 Jahren. Tranken mit langsamen Bewegungen, die Blicke gehen an allem vorbei. Einige auf dem Boden gegen die Rathausstufen gelehnt. Neugier einiger Taunusrodter, Hofmann präsent wie immer.

Ein langer, schwarzhaariger Feldwebel wies müde auf den Lkw: „Für die da drin aa no, bitt'schön!" Die Soldaten rührten sich nicht. Hofmann ließ acht Körper abladen. Zwei tot, vier bis zur Unkenntlichkeit verstümmelt, die Uniform in Fetzen, von den schwarzen Hautlappen nicht zu unterscheiden. Zwei offenbar blind. Dr. Casperski wurde geholt. Nichts mehr zu retten. Entzündete und vereiterte Brandwunden. Flüssigkeitsverlust irreparabel. Die Augenverletzten obendrein strahlenkrank. Zu schwach zum Stehen. Erbrochenes auf dem Uniformhemd, von Durchfall verkotete Hosen. „Der Atomblitz", sagte der Feldwebel. Schwere Verbrennungen an der Netzhaut. Weitere Diagnose nicht möglich, da seine optischen Geräte nicht funktionieren. Casperski zuckte die Achseln.

Auch einige der anderen Soldaten schienen strahlenkrank zu sein. Sie hatten das Wasser erbrochen. Gleichmütig wischten sie sich den Mund ab und lehnten sich wieder gegen die steinernen Stufen. Sie sprachen nicht und reagierten nicht auf die Fragen Casperskis. Nur der Feldwebel, der Fahrer und ein kleiner Leutnant schienen noch bei Kräften zu sein.

Die Verletzten ins Pfarrhaus zu Weigand getragen. Casperski bestand auf Zusammenlegung, da so bessere Kontrolle. Die Männer ließen alles apathisch mit sich geschehen. Zusammenbruch der letzten Widerstandskraft. Trügerisches Gefühl von Heimat und Hilfe. Vor Erschöpfung sofort eingeschlafen. Casperski spritzte den Brandverletzten Morphium. „Denen hilft nichts und niemand mehr. Die können hier nur noch sterben." Petzold bot dem Feldwebel, dem Fahrer und dem Leutnant sein Haus an. Seine Söhne sind noch nicht wieder aufgetaucht. Niemand weiß, wo sie sind. Vier Tage war auch er verschwunden. Kein Mensch in Taunusrodt nimmt von dem Vorfall Notiz.

Spät am Abend noch bei Petzold gewesen. Der Feldwebel kommt aus der Gegend von Regensburg, er war bei den Panzergrenadieren. Er erzählte, daß seine Einheit östlich von Fulda, zwischen Ehrenberg und Thaiden, direkt hinter der B 276, auf den Angriff aus dem Osten gewartet habe. Die Tage zuvor hätten sie schon zermürbt. Überall die in panischer Angst flüchtende Bevölkerung, die teilweise zwischen den Stellungen herumgeirrt sei. Die stärker werdenden Zweifel, die Angst. Die Militärkolonnen hätten sich öfter mit den Flüchtlingen verfilzt. Die nervösen Offiziere hätten rücksichtslosen Vormarsch befohlen, weil sie sowjetische Tiefflieger befürchteten.

Die Luftwaffe pausenlos im Einsatz, um den Aufmarsch des Gegners zu stören. Die sowjetischen Flieger hätten sich kaum sehen lassen. Die automatische Fliegerabwehr hole jeden Jabo vom Himmel, wenn er einmal erfaßt sei.

Dann, am Samstag, das kurze, heftige Trommelfeuer, Artillerie und Stalinorgeln, „aber die unsern habn scho kräftig zruckgschossn, gell." Die T-72 seien mitten zwischen den beiden Ortschaften hindurch vorgestoßen. Dahinter die Grenadiere, „Hurrah" brüllend. Der Feldwebel glaubte, daß dies nur ein Scheinangriff gewesen sei, „da war ja koa richtiger drive dahinter." Wie es woanders ausgesehen habe, könne er nicht sagen. Der Angriff habe sich nicht entfalten können, da die Bo-105-Hubschrauber sofort zur Stelle gewesen seien und die ersten Panzer erledigt hätten. „Jeder Schuß hat gsessn." Automatische Panzerabwehrraketen, „da kimmt dir koa Panzer mehr aus." Die eigenen Leopard-Panzer hätten noch gar nicht eingegriffen. Sie rollten aus rückwärtigen Stellungen heran.

Aber dann, sie hätten es gar nicht richtig kapiert, kurz hintereinander drei helle Blitze über den sowjetischen Stellungen. Neutronenbomben! Die Amis müssen durchgedreht haben. Wer in die Blitze geblickt habe, sei sofort erblindet. Die eigenen Leute! Es war, als fiele einem die Sonne auf den Kopf. Dann die gewaltigen Detonationen, überall Feuer und Rauch. Eine Bodenexplosion habe einen ganzen Hügel in die Luft gerissen, „direkt vor unsrer Nasn. Die Affn habn, wenn scho, vui zlang gwart. Es hätts aber gar net braucht.“ Man habe sie nicht gewarnt, sie seien auf einen Atomangriff nicht vorbereitet gewesen. Die Schreie der vorübergehend oder ganz Erblindeten. Die Nähe der explodierenden Neutronenwaffen, „die ein ja no auf zwei Kilometer Entfernung versaften.“ Die Neutronen gingen durch einen durch „wia a Em-Pi durch an Maschenzaun.“ Die Wälder hätte es wie Streichhölzer umgelegt, sie seien sofort in Flammen gestanden. Die Russenpanzer seien plötzlich im Kreis herumgefahren, als ob die Fahrer besoffen gewesen wären. Einige weiter entfernte seien dunkelrot aufgeglüht. Die sowjetischen Soldaten seien verschwunden gewesen. Einige dunkle Punkte in der Landschaft, sonst nichts.

Das alles in wenigen Minuten. Als er begriffen habe, was los war, seien die ersten Hals über Kopf zurückgelaufen, die anderen schließlich hinterher. Um die Verletzten habe man sich nicht gekümmert. Man flüchtete vor der Wirkung der eigenen Neutronenwaffen und vor den zu erwartenden Atombomben der Russen.

Was mit den Dörfern Ehrenberg und Thaiden geschehen sei?

Der Feldwebel: „Wegputzt, glatt wegputzt. I hob nix mehr gsehn.“

Nach einer halben Stunde hätten die Sowjets mit taktischen Atomwaffen geantwortet. Der Feldwebel hatte Mühe, das Erlebte zu berichten. Es war, sagte er, als bräche die Erde auseinander. Der Luftdruck habe ihn meterweit durch die Luft geschleudert, obwohl er ja noch Glück gehabt habe: Die ihm nächste Bombe habe rund drei Kilometer weiter nördlich in die Stellungen des Nachbarbataillons eingeschlagen. Dennoch habe er geglaubt, das Ende sei da. Er könne sich auch gar nicht mehr richtig erinnern, totaler Blackout. Er sei nur gerannt, ohne Waffe, ohne Helm, immer nach Westen gerannt. Nur weg. Überall Feuer, das Krachen und Bersten. Zu dritt seien sie schließlich auf den Lkw gestoßen, der verlassen an einer Straße stand. Unterwegs hätten sie noch ein paar Kameraden mitgenommen.

Stundenlang hätten sie nichts sprechen können, der Wagen sei nur im Schrittempo vorwärts gekommen.

Ständige Angst vor weiteren Atomangriffen. Ein Kamerad habe unter Schockwirkung gestanden. Der habe plötzlich auf Flüchtlinge vom fahrenden Lkw aus geschossen. „Einer hat ihn mit der Pistole niedergeschossen." Ein anderer sei plötzlich abgesprungen, habe sich an den Straßenrand gekniet und angefangen zu beten.

Der Feldwebel bemühte sich, zusammenhängend zu berichten. Konnte aber nicht. Nur Erlebnisfetzen. Ständig strich er sich über die Augen. Immer wieder die zahllosen Flüchtlinge, durch die sie hindurchgefahren seien. Einige Kilometer vor Gießen wieder zwei nukleare Einschläge. Ganz dicht an der Stadt. Abgedreht nach Süden. Die vier Brandverletzten mitgenommen. Keine Ahnung, wo die hergekommen seien.

Der Leutnant, ein dünnes, drahtiges Bürschchen, Zeitoffizier, etwa 25, schüttelte, während er erzählte, immerfort mit dem Kopf, als wolle er gleich aufhören. Lange Pausen zwischen den Sätzen.

Eine groteske Situation: Das Inferno rings um uns, Frankfurt heute in die Luft gesprengt, wir, nur noch Überlebende ohne Chance, hocken in einem Wohnzimmer und hören Frontberichte.

Der Leutnant sagte, er wisse, daß er sich den Tod geholt habe. Die Symptome der Strahlenkrankheit seien unverkennbar. Als habe er sich einen Schnupfen geholt.

Er sei bei einer Flugabwehrbatterie gewesen, in der Nähe des Hubschrauber-Landeplatzes Fischbach, gut getarnt in einer Waldlichtung, zehn Kilometer hinter der Front. Aufgabe: Schutz der Bo-105, der besten Panzerabwehrwaffe. Drei Tage lang höchste Alarmbereitschaft, Ermüdungserscheinungen und mit den Nerven am Ende. Schließlich Beginn der Kampfhandlungen. Mit Entsetzen den unerwarteten Einsatz von Atombomben registriert. Disziplin der Mannschaft nur mit Mühe aufrechtzuerhalten, drei Mann desertiert. Samstag mittag sei der Radar-Controller aus seinem Wagen herausgestürzt und habe geschrien: „In Deckung, Leute, da kommt ein Ding auf uns zu!" Ehe sie begriffen hätten, ein greller Blitz, augenblicklich gefolgt von Nachtschwärze vor den Augen. Der Luftdruck habe die Sinne paralysiert. Das Krachen der Detonationen habe zur vorübergehenden Taubheit geführt. Er sei überzeugt gewesen, tot zu sein, sagte der Leutnant, und habe dies mit großer Befriedigung zur Kenntnis genommen. Erleichterung darüber, wie einfach das Sterben sei. Im Unterholz zwischen zusammengeknickten Fichten sei er wieder zur Besinnung gekommen. Ringsum Feuer, ein Regen heißer Asche und Trümmer. Die heiße Luft habe in den Lungen geschmerzt, schwarze Ringe vor den Augen. Er wisse nicht mehr, wie er da weggekommen sei. Die Batterie mit den feuerbereiten Raketen weggeblasen, einige tote Kameraden, friedlich und stumm inmitten des Feuers. Dann sei er gerannt. Man renne bei Gefahr automatisch. Zu viert, die anderen halbtot, hätten sie den Lastwagen angehalten.

„Die haben uns alle die Jahre beschissen, regelrecht beschissen!" sagte der Leutnant. Die Generalstäbler und Sicherheitsexperten hätten doch wissen müssen, daß es sofort zum Atomkrieg kommen würde. Vor allem hätten sie wissen müssen, daß man in einem Atomkrieg nicht mehr kämpfen könne. „Das ist ja die totale und augenblickliche Auslöschung. Was sollen all die anderen Waffen gegen Atombomben? Ein paar von den Dingern, und der Krieg ist zu Ende." Dort, wo es voll reingehauen habe, müßten ganze Divisionen in Sekundenschnelle verglüht und verdampft sein. Soldaten seien zu anachronistischen Überbleibseln geworden. Der Kernwaffenkrieg sei augenblickliche Vertilgung. Die Rolle von Soldaten reduziere sich auf Transport, Aufstellung, Programmierung des Zieles — und Auslösung. Danach bleibe nur noch Alarmbereitschaft und Auslöschung. Er mache diese Erfahrung leider zu spät. Er könne sie nicht mehr verwenden.

Der Atomkrieg ist nicht nur „das Schrecklichste", dessen der Mensch fähig ist, sondern irreversible Totalität. Er wird die Naturgeschichte um Hunderte von Jahrmillionen zurückwerfen.

Dr. Casperski kam und sagte, daß es mit den brandverletzten Soldaten und zwei anderen, strahlenverseuchten, zu Ende gehe. Weigand stand auf und ging zu ihnen.

20. August, nachmittags

Wieder zurückgekehrt, endgültig. Wieder zuhause. Hier werden wir bleiben. Der Fluchtversuch war vergeblich. Letztes Aufbäumen, letzter Protest. Mißlungen. Da dies entschieden ist, bin ich ganz ruhig. Tina auch. Nur wenn ich Christine ansehe, ihr junges Gesicht, sticht das Herz. Ralf ist tot.

Als die Bombe am Dienstag hinter der Platte explodierte, dort wo Mainz und Wiesbaden liegen, sprangen wir auf unsere Fahrräder und flohen.

Wir wollten fliehen. Tatsächlich lagen wir da, unfähig, uns zu rühren. Der Detonationsblitz bohrte sich wie ein Pfeil in die Augen, der Donner warf uns zu Boden. Durch die platzenden Fenster fiel der Luftdruck über uns und preßte uns zusammen. Wie Geschosse umherfliegende Gegenstände. Der Berg schien einzustürzen. Taubheit. Ein Immer-weiter-Fallen in schwarze Tiefen. Einziger Gedanke: das Ende. Dann wurde das Licht fahler und erlosch. Nur der Donner rollte den Berg herunter wie eine nicht endende Lawine. Die Erde schien zu explodieren.

Christine erlitt einen Schock. Ihr Schreien brachte mich zur Besinnung. Die Hände gegen die Ohren gepreßt schlug sie den Kopf gegen die Wand.

Hinter der Platte schoß ein Feuerpilz in den Himmel, in dem Gewitter tobten. Blitzartiger Gedanke, der sofort verschwand: Dort verbrennen jetzt Menschen, eine halbe Million. Dann wieder nur ich.

Alles war vorbereitet gewesen. Wir wollten über Limburg und Rennerod ins Sauerland. Dort könnte es eine Chance geben. Nur weg von hier, nicht apathisch warten müssen, nicht länger diese Demütigung ertragen müssen, nicht zusammengekauert auf die Bombe warten müssen wie jene Ratten, die sie in südfranzösischen Dörfern unter Blecheimer stecken und die Hunde auf sie loslassen. Um das restliche Leben kämpfen!

Jetzt weiß ich, daß ich an keine Chance geglaubt hatte, Tina schon gar nicht. Sie machte nur mit. Sie ist tapferer als ich. Es war nur ein Reflex.

Warum auch Wiesbaden? Wegen des Militärflugplatzes in Erbenheim? Es war mindestens eine 2-MT-Bombe. Zwei Millionen Tonnen Sprengstoff, fast soviel wie im ganzen ZweitenWeltkrieg! 50000 Güterwaggons. Eine Kriegsmaschine außer Kontrolle. Sie wütet, bis sie alles Leben vernichtet hat. Bis sie sich selbst beendet. Menschen können es nicht mehr. Der globale Atomkrieg.

Bei Orlen und dem Römerturm holte uns der Schatten des Rauchpilzes ein. Hinter uns das Krachen und Prasseln wie apokalyptische Reiter. Mit keuchenden Lungen weiter, ein Wettrennen mit dem schwarzen Regen, der gleich fallen mußte. Vor der Abfahrt nach Kirberg stürzte Tina vom Rad, völlig erschöpft. Sie blutete — an sich harmlose Hautabschürfungen — jetzt möglicherweise tödlich. Die radioaktive Strahlung! Herzschmerzen vor Angst. Ich verband sie wie eine Schwerverletzte. Sie wollte nicht mehr weiter. „Nur dir zuliebe", sagte sie. Viele flüchteten, wie wir. Sinnloser Versuch, wie unserer.

Einige Leute in Kirberg an der Straße, starrten verstört nach Süden, nach dem feuerspeienden Wiesbaden. Sie schienen nichts zu begreifen, standen da wie Kinder. Der Rauchpilz war mit dem Himmel verschmolzen. Wie ein schwarzer Schirm umspannte er Osten und Westen. In seinem Fuß, so breit wie die Stadt, unaufhörliches Wetterleuchten. Die Hölle schien ihn auszustoßen. Aus der Höhe fielen Wiesbaden und Mainz, zu grauem Pulver zerstoßen, langsam in sich selbst zurück. Aufgelöst in Millionen von Tonnen Materie. Träge trieben die Schwaden nach Osten. Der Regen! Nicht in den klebrigen, schwarzen Regen geraten.

Rast in Limburg, Tinas wegen. Die Stadt wie ein Ameisenhaufen, voll sinnloser Aktivitäten. Alle Menschen sahen gleich aus vor Angst, Gezeichnete, Verlorene, Noch-Überlebende, Noch-Hoffende.

Wir gingen zu Paul Kleemann, meinem Freund. Evangelischer Pfarrer, Urviech von einem Christenmenschen. Ein Verzweifelter, der in der Friedensbewegung gegen das Ertränktwerden ankämpfte, der der Verärgerung der Kirchenleitung und der stets diffamierbereiten Wut der örtlichen Parteipolitiker seine lutherische Bibelsturheit entgegenstellte. Mit der Wortgewalt eines Abraham a Santa Clara, zum Mißfallen der Honorigen. Diasporagehärteter Gottesmann, der den Staatsanwalt des öfteren vor schwierige Entscheidungen stellte. Drosch Skat mit den Arbeitern in den Limburger Kneipen, unerschöpflicher Vorrat an Witzen.

Ein gebrochener Mann stand vor uns, hohlwangig, gerötete Augen, müde.

Sein einziger Halt war, daß ihn seine Gemeinde brauchte. Täglich fast 12 Stunden in der Kirche. Er war für andere eine letzte Stütze geworden, wo aber war sein Gott? „Ich erfinde Gott jede Stunde neu."

Tina und Christine wollten nicht mehr weiter. Nur Ralf. Christine schien nichts mehr begreifen zu können. Schüttelte nur den Kopf. Es wäre genug, es ginge nicht mehr.

Tina hatte ihr Schicksal längst angenommen. Ich nicht, und war darüber verzweifelt. Gleichzeitig hatte ich Angst vor dem Versagen in Tinas Augen. Aber ich wollte nicht aufgeben, noch nicht. Ein Ertrinkender schlägt so lange um sich, bis die Arme kraftlos werden und das Nichtmehrbegreifen beginnt.

Else, Kleemanns Frau, tat wie immer ihre Arbeit, ohne viel zu sagen und unermüdlich. Wieder diese Stärke einer Frau, die mich irritierte. Warum zeigt sie nicht, daß auch sie Todesangst leidet? Nachhutgefechte in dieser versinkenden Welt?

Statt Wasser, das es nicht gab, holte Paul am Abend eine Flasche Wein aus dem Keller. Seine Leere und Verzweiflung erschütterten mich. Aber was sagen? Die Gemeinsamkeit des Schicksals macht stumm, weil vom anderen ebenfalls nichts mehr zu erwarten ist. Aber dann sagte Paul unvermittelt: „Ich glaube an Gott, das ist es nicht. Aber ich verstehe ihn nicht, beim besten Willen nicht. Ich kann nur hoffen, daß er weiß, was er tut."

Der nächste Tag kam nicht, die Dämmerung blieb. Unaufhörlich fiel feiner, dünner Ascheregen. Der Himmel schwarz-grau. Einöde. Europa ein einziges Pompeji. Weltuntergang. Also doch der totale Atomkrieg. Milliarden von Tonnen Staub beginnen die Erde in eine schwarze Wüste zu verwandeln, in eine von giftigen Dünsten umhüllte Wüste. Ich sah das Leichentuch herabfallen, hineinverwoben die unsichtbare Strahlung wie ein Fluch.

Aus der Umgebung der Stadt setzte eine Invasion ein. Limburg war in wenigen Stunden überfüllt mit schreckensbleichen Menschen. In der Altstadt kein Vorwärtskommen mehr. Die Gejagten drängten in die Häuser, schlugen an die Türen, riefen um Erbarmen, hielten die Kinder in die Höhe. Die überforderten Limburger, verzweifelt auch sie, wehrten ab, verweigerten Hilfe. Auf den Köpfen der Kinder die Asche wie schwarzer Schnee, die in das Chaos blickenden Augen, die stumme Frage, die ihnen unbeantwortet bleibt. Das tausendfach abbrechende Leben.

Gegen Mittag ordnete der Magistrat an, die Stadt von den Flüchtlingen zu räumen und gleichzeitig abzusperren. Polizei, Feuerwehr und Bürgermilizen errichteten Straßensperren und Barrikaden aus Autos und Baumaterial. Unbarmherzigkeit des Überlebenskampfes. Verzweifelte Gegenwehr, Handgemenge, Schlägereien, Hausbesetzungen. Die Bewohner halfen mit, warfen die Eingedrungenen hinaus. Naturhafte Brutalität, amoralischer Lebenswille. Es fehlte an Trinkwasser, an Brennmaterial, es fehlte an allem. Limburg selbst war nicht einmal ein Strohhalm mehr. Du oder ich, also du. Das Flehen der Frauen, die Flüche der Männer.

Gegen 3 Uhr war die Stadt geräumt. Sie glich einer belagerten Festung.

Mir war übel. Ich hörte Paul in seinem Zimmer stoßartig weinen. Die doppelte Hölle desjenigen, der am Glauben an Gott festhalten muß.

Limburger, die sich von auswärts durchgeschlagen hatten und von den Wachen hereingelassen worden waren, berichteten von unbeschreiblichen Szenen. Draußen sei die Hölle entfesselt. Aus den Randzonen des bombardierten Ruhrgebiets seien Millionen von Menschen ostwärts ins Sieger- und Sauerland geflüchtet. Gleichzeitig die Flut der Fliehenden aus dem Osten. Dörfer und Städte von Hungernden geplündert. Es herrschten das Faustrecht, Mord und Totschlag. Flüchtende Soldaten marodierten und nähmen sich mit Waffengewalt, was sie bräuchten, vor allem Wasser. Siegen beispielsweise sei nach stundenlangen Straßenschlachten zwischen Einheimischen und Flüchtlingen in Flammen aufgegangen. Ähnlich Dillenburg und Wetzlar, auch Rennerod sei nur noch ein rauchender Trümmerhaufen. Riesige Waldbrände wegen der unübersehbaren Zahl der Flüchtlinge. Zehntausende müssen verbrannt sein. Die brennende Landschaft preßt die Massen auf den freien Flächen zusammen. Sie werden sich gegenseitig vernichten. Vom Limburger Domberg aus waren die Rauchschwaden im Norden deutlich zu sehen. Die verzweifelten Massen geben sich gegenseitig den Rest.

Das also ist die Verteidigung der Freiheit. Die Verzweiflung der ohnmächtigen Wut. Die Freiheit bleibt nicht einmal als Idee zurück. Die Erinnerung wird getilgt und die Geschichte beendet. Aber die Qual des Krepierens, diese Würdelosigkeit, dieser Zynismus! Die Verzweifelten und zum Tode Verurteilten bringen sich gegenseitig um. Die letzten Reste von Menschlichkeit werden noch zertreten.

Es ist Mittag und ich habe die Kerze angezündet. Fahle Düsternis. Selbstbeobachtung, ständiges Hineinhorchen in sich selbst, sensibles Registrieren des Befindens, obwohl mir sterbenselend ist. Wann werden die Anzeichen der Strahlung sichtbar und fühlbar? Die ersten subkutanen Blutungen? Wann das erste Erbrechen, der Haarausfall? Noch nichts. Nur die rasend tickende Uhr, die die Zeit schon aufgebraucht hat. Habe aber das Gefühl, das Schlimmste überstanden zu haben, wie ein Gefolterter, den man in seine Zelle zurückschleppt.

So viele Warner hat unser Volk hervorgebracht. Es hat ihnen übel mitgespielt. Bertha von Suttner, die Liebknechts, August Bebel, Rosa Luxemburg, Georg Friedrich Nicolai (seine „Biologie des Krieges“!), Tucholsky, Ossietzki, die vielen Namenlos-Mutigen, dann Albertz, Gollwitzer, Jungk, Sölle, Eppler, Mechtersheimer, Böll, Grass, die Friedensbewegung der frühen 80er Jahre, deren Kraft und Phantasie unerschöpflich zu sein schienen. Der Aufbruch zur Hoffnung. Die Entschlossenheit, das Leben doch noch zu retten, den Menschen nicht aufzugeben als Irrtum der Natur. Immanuel Kant zu rehabilitieren, Christus wiederauferstehen zu lassen. Die Verunsicherung der Herrschenden, das Ringen der Vernunft mit der Lust am Untergang. Schließlich das Scheitern, die Kapitulation und Resignation vor dem Zwang des Destruktiven.

Tolstoi: Die Herrschenden sind alle Verbrecher. „Es herrschen häufig die schlechtesten, unbedeutendsten, grausamsten und sittenlosesten Menschen. Und daß dem so ist, ist kein Zufall." Tolstoi erwartete von den „Verbrechern" nichts mehr.

Dagegen aber die Hoffnung Nietzsches: „Der Lehre vom Heer als einem Mittel der Notwehr muß man gründlich abschwören. Und so kommt vielleicht ein großer Tag, an welchem ein Volk, durch Kriege und Siege, durch die höchste Ausbildung der militärischen Ordnung und Intelligenz ausgezeichnet und gewöhnt, diesen Dingen die schwersten Opfer zu bringen, freiwillig ausruft: 'Wir zerbrechen das Schwert!' — und sein gesamtes Heerwesen bis in seine letzten Fundamente zertrümmert. Sich wehrlos machen, während man der Wehrhafteste war, aus einer Höhe der Empfindung heraus — das ist das wirkliche Mittel zum Frieden, welcher immer auf einem Frieden der Gesinnung ruhen muß: während der sogenannte bewaffnete Friede, der jetzt in allen Ländern einhergeht, der Unfriede der Gesinnung ist, der sich und dem Nachbarn nicht traut und halb aus Haß, halb aus Furcht die Waffen nicht ablegt.

In „Menschliches Allzumenschliches" das Übermenschliche formuliert: „Lieber zugrundegehen als hassen und fürchten machen — dies muß einmal auch die oberste Maxime jeder einzelnen staatlichen Gesellschaft werden.

Unsern liberalen Volksvertretern fehlt es, wie bekannt, an Zeit zum Nachdenken über die Natur des Menschen: sonst würden sie wissen, daß sie umsonst arbeiten, wenn sie für eine 'allmähliche Herabminderung der Militärlast' arbeiten. Der Kriegsglorien-Baum kann nur mit einem Male, durch einen Blitzschlag, zerstört werden: der Blitz aber kommt, ihr wißt es ja, aus der Höhe."

Der Blitzschlag! Die Natur des Menschen. Sich wehrlos machen. Thomas Mann: Die moralische und intellektuelle Unzulänglichkeit. Nietzsche, der Gott für tot erklärte, wollte die Bergpredigt retten, die christliche Politiker für tot erklärten.

Tina sagte: „Wir gehen wieder zurück.“ Ich fügte mich. Hoffnungslose Lage. Zuhause war noch der Blick auf vertraute Gegenstände möglich, auf Bücher und Fotos. Erinnerungen an das Leben. Wir existieren jetzt in einer anderen Welt. Man muß sich an die Vergangenheit klammern, an die Zeit, als man noch Mensch war. Die Erinnerung nicht aufgeben. Die Leidensfähigkeit des Menschen ist grenzenlos. Vielleicht liegt darin der Grund für die Katastrophe: keine Grenze gefunden zu haben für das Schmerzzufügen und das Schmerzerleiden.

Die Limburger Wachen ließen uns nur zu bereitwillig hinaus. Schon nach wenigen Metern eine Welt wie von Hieronymus Bosch. Die Menschen entstaltete Monster, fiebrige Augen, von Panik, Verzweiflung und Haß entstellte Gesichter. Tausende standen oder lagerten an der Straße nach Wiesbaden, Tausende auf den Feldern, Tausende in den Wäldern, Hunger und Durst, vor allem Durst. Alle die Menschen würden nie mehr trinken können. Es gab kein Wasser mehr. Alles verseucht. Die Strahlung hat alles in Gift verwandelt.

Zwischen den umherirrenden, stehenden, liegenden und sterbenden Menschen Männer mit Knüppeln, Steinen und Messern in der Hand, wie Wölfe auf der Suche nach Eßbarem und Wasser. Soldaten darunter mit Maschinenpistolen und Schnellfeuergewehren. Gruppen, die einen Kreis gebildet hatten, um sich zu schützen. Niedrige Barrikaden und Zäune aus Zweigen und Ästen. Uns graute. Wie lange würde es dauern, bis die Verzweifelten übereinander herfallen würden? Ein Massenabschlachten würde beginnen. Es gab noch welche, die auf Hilfe von irgendwoher hofften. Daher Durchhalten um jeden Preis, zu allem entschlossen. In der Katastrophe gibt es nur eines: übrigbleiben.

Radioaktive Asche in Augen und Mund, verseuchte Luft in den Lungen, keuchend vor Anstrengung. Aber Taunusrodt rückte näher. Ralf, der kräftigste von uns, fuhr weit voraus. Als wir zur Hühnerkirche hinunterfuhren, sprangen fünf Kerle aus dem Wald und rissen ihn zu Boden. Er wehrte sich. Einer schlug ihm, ohne zu zögern, mit einem Knüppel auf den Kopf. Die Männer blieben stehen und erwarteten uns. Wir sprangen von den Rädern und stürzten in den Wald. Sie nahmen unsere Räder und verschwanden. In der Wurzelgrube eines umgestürzten Baumes begruben wir ihn. Christine sagte nichts, wischte ihm nur das Blut aus dem Gesicht und bedeckte ihn mit Zweigen.

Taunusrodt wird gemieden. Die nahen Rauchwolken der immer noch brennenden Städte schrecken ab. So werden wir in ihrem Schatten den letzten Frieden finden. Die Hälfte der Einwohner ist geflohen.

Registriere an mir das Ende der Fähigkeit, zu begreifen. Die Sinne sind überfordert, das Bewußtsein läßt deutlich nach. Traum und Wirklichkeit werden eins. Ein Gefühl der Beruhigung. Die Gnade, jetzt den Verstand zu verlieren. Die Gnade des plötzlichen Todes. Die Unbarmherzigkeit, weiterexistieren zu müssen.

21. August, mittags

Der groteske Anblick der Stelle, wo Mainz und Wiesbaden lagen. Eher Staunen über die Totalität der Auslöschung als Erschrecken. Zweifel an der Sinnesleistung der Augen. Eine aschgraue Wüste, ein eingeebnetes, riesiges Beet, wie plattgewalzt. Dazwischen schwarze Flecken, immer noch Rauch, die Feuerstürme! Biebrich und die westlichen Stadtteile von Mainz sind in einem See verschwunden. Der Krater und die niederfallenden Trümmer haben den Rhein gestaut. Die Biebricher Höhe wie kahlrasiert, aber unterhalb, in der Gegend des Hauptbahnhofs und des Dichterviertels noch einige Häuser wie Fremdkörper. Der Neroberg brannte noch. Die Schwaden zogen nach Osten.

Das Betongerippe des hessischen Innenministeriums und das rote Sandsteingebäude des Hauptbahnhofs erlaubten einige Orientierung in dieser Wüste. Ein flacher, roter Steinhaufen: die Marktkirche. Daneben hätte das Rathaus, ihm gegenüber der Landtag sein müssen. Aber nichts. Auf dem Gräselberg sind nicht einmal mehr Trümmer auszumachen. Der blanke Fels. Die Detonation hat ihn blankpoliert. Auch in Klarenthal noch einige Häuser. Dort, wo Dotzheim sein mußte, ein schwarzer, qualmender Fleck. Ein Haufen übereinandergetürmter Betonplatten: der

Komplex der städtischen Kliniken im Schelmengraben. Im Kurpark noch einige schwarze Baumstrünke, wie Stangen. In der City Ost am Fuße der nach Bierstadt hin ansteigenden Höhe könnte es ein Überleben gegeben haben. Es sind noch Strukturen zu erkennen, guterhaltene Ruinen, sogar einige nur leichtzerstörte Häuser. Auch im Aukammtal könnte es noch eine Chance gegeben haben. Aber was heißt Chance, was heißt Überleben? Die Überlebenden beneiden die Toten. Diejenigen, die sich im Zentrum der Explosion befanden, sind jetzt die Glücklicheren.

In dem Stausee, den der Rhein bildet, spiegelte sich die Morgensonne. Das Trümmerfeld glänzte, die Schatten gaben ihm Plastizität. Die Vollkommenheit der Zerstörung, Stummheit, Frieden. Um Hamburg 1943 zur Hälfte zu zerstören, flogen Engländer und Amerikaner vier Angriffe. 3000 Bomber warfen 10000 Tonnen Sprengstoff ab. 35000 Tote in mehreren Tagen, in der Erinnerung der Überlebenden ein unvorstellbares Inferno. Das Trauma dieser Erlebnisse suchte sie noch nach Jahren heim.

Wiesbaden und Mainz wurden in drei Sekunden ausgelöscht. 500000 Menschen sofort tot, der Rest ohne Chance, zu überleben. Zwei Millionen Tonnen Sprengstoff in einer einzigen Rakete, 200 mal mehr als die Bomben von Hamburg. Welch ein Fortschritt.

Die brennenden Wälder, die Wiesbaden von Norden her umschließen, haben offenbar verhindert, daß Überlebende in den Taunus flüchten konnten. Im Westen der Feuersturm von Dotzheim und Kohlheck, im Süden der Rhein und das Explosionszentrum, im Osten der brennende Kurpark und das zertrümmerte Bierstadt. Wiesbaden war eine Falle. Kein Entrinnen möglich. Vielleicht noch Überleben in den Senken des hügeligen Trümmerfeldes, Reste biologischer Funktionen im Nerotal, in der Taunusstraße, im Aukamm, am Dürerplatz.

21. August, abends

Der aberwitzige Vorschlag Pastor Weigands: Nach Wiesbaden hinuntergehen und versuchen zu helfen.

Gefühlsduselei. Wie denn helfen? „Ich bin sicher, es haben einige überlebt, und wir haben die Pflicht, ihnen zu helfen. Zumindest müssen wir ihnen beistehen." Die zu spät kommende Sturheit eines Moralisten. Hilfe — grotesk, unangebracht, purer Zynismus. Die Stadt ist strahlenverseucht, an jedem Stein klebt der Tod. Hilfe bräuchten wir selbst. Wer hilft uns? Uns wäre vielleicht noch zu helfen. Sollen wir uns den Rest geben? Weigand: „Den Tod tragen wir doch längst in uns. Oder gebt ihr euch noch Täuschungen hin?" Todgeweihte sollen Sterbenden helfen. Welche Absurdität.

Weigand schlug vor, das Material für Brandverletzungen und Brüche aus unseren Vorräten auszusortieren. Das könnten wir jetzt weitgehend entbehren. Casperski könnte schmerzlindernde Mittel mitnehmen. Die Feuerwehrmänner, ausgebildet in Erster Hilfe, sollten mitkommen. Casperski bringt nach einer Stunde einen lächerlichen Vorrat zusammen. „Mehr haben wir nicht. Den Rest brauchen wir noch selbst." Langes Zögern bei den meisten. Der Anblick, der uns erwartet, schreckte ab. Die strahlenverseuchte Stadt, die Nutzlosigkeit des Vorhabens. Aber dann doch das Gefühl, daß es auch um uns geht. Noch etwas tun dürfen, einen Rest an Sinn retten. Die Strahlung in uns verstärken, um das Ende zu beschleunigen.

Hofmann weigerte sich kategorisch, Casperski ziehen zu lassen. Der Arzt werde noch gebraucht, der müsse am längsten von uns allen überleben. Sonst aber stünde es jedem frei, nach Wiesbaden hinunterzugehen.

22. August, Mitternacht

Wir waren dort, wir haben die Hölle von innen gesehen. Die Hölle ist nicht im Jenseits, die Hölle ist auf Erden. Das Reich der Verdammten ist hier, ist Gegenwart, ist Wirklichkeit.

Unmöglich, meine Empfindungen zu beschreiben. Der Anblick des Grauens stumpft ab. Die Kräfte lassen nach, der Wunsch nach einem raschen Ende wird zur Sehnsucht. Diese Freiheit bleibt noch: Den Schierlingsbecher bis zur Neige leeren, der letzte Tropfen wird süß schmecken. Da die Qual nachläßt, das Gefühl von Frieden. Es ist vorbei, alles durchlebt und durchlitten, was möglich war. Ich habe keine Angst mehr. Das Schlimmste ist ausgestanden. Der Tod ist nur noch Befreiung.

Der Südhang der Platte verkohlter Wald, der Asphalt der Straße geschmolzen. Brandgeruch. Das Trümmerfeld gleich hinter dem eingeebneten Nordfriedhof. Die ersten Häuser noch Ruinen, dann nur noch Schutthügel. Wo die BP-Tankstelle stand, ein runder Krater. Bestialischer Gestank. Überall Tote, vom Luftdruck aus den berstenden Häusern hinausgeschleudert. Schwarze oder violette Leiber mit geplatzter Haut. Die Platterstraße. In einem flachen Geröllhaufen eine Glocke: die Maria-Hilf-Kirche. Alles war eben. Freier Blick hinunter auf die „Innenstadt". Der Beton der Coulin-Brücke hatte standgehalten. Dort unten war das Geröllfeld schwarz, dünne Rauchfäden. Nicht das geringste Anzeichen von Leben.

Nach links hinunter ins Nerotal, Richtung Taunusstraße. Hier, im Druckschatten der Detonation, mußte es Überlebende geben. Die ersten fast intakten Einfamilienhäuser, aber die Bewohner waren tot. Lungenrisse. Einige von den platzenden Fensterscheiben verstümmelt. Dann in einer Altbauvilla der erste Überlebende, ein Säugling von vielleicht sechs Monaten, lag in einer Zimmerecke neben der umgestürzten Wiege. Kaum noch Reaktionen, auf dem abgemagerten Körperchen dunkle Flecke unter der Haut. Blutungen, Strahlenkrankheit. Die Kinder befällt sie als erste. Helmut Geerts untersuchte ihn. Wir hatten kein Trinkwasser mitgenommen. Im Haus gab es keines. Mit unserer Spucke rührten wir einen Brei an. Der Kleine erbrach sofort, wand sich in Krämpfen. Hoffnungslos. Er sah uns an, stumm, große, blaue Augen. Verzweifelte Ratlosigkeit bei uns. Der Versuch, in dieser Hölle zu helfen, scheitert bereits bei einem Kleinkind. Aber selbst wenn es die Nahrung angenommen hätte: was dann? Welche Aussichten in einer Welt, die dabei ist, zugrundezugehen, deren Tod auch dieses Kind gezeichnet hatte?

Geerts spritzte dem Kleinen eine halbe Ampulle

Morphium. Das Kind war sofort tot. Behutsam legte er es in die Wiege zurück.

Weiter. Umgestürzte Bäume kreuz und quer, Trümmer fortgerissener Dächer, Häuser mit eingedrückten Türen und Fenstern. Einige der Bewohner mußten sich noch einige Meter fortgeschleppt haben. Die meisten fanden wir in den Betten oder in den Kellern. Einige der Villen mit Explosionsschäden: ausströmendes Gas. Dann wieder ein Stopp, wieder Ratlosigkeit. Im Keller eines Hauses eine tote Familie, auf dem Boden kauerte eine junge Frau unter Schockwirkung. Nicht ansprechbar. Sie hatte den Verstand verloren. Alle Versuche der Kontaktaufnahme blieben vergeblich. Schütteln, Ohrfeigen, nichts. Glasige, leere Augen, die nichts wahrnahmen. Wir beschlossen, sie auf dem Rückweg mitzunehmen. Aber in dem Haus war Wasser. Mehrere Flaschen abgefüllt und mitgenommen.

In der Taunusstraße die erste intakte Häuserzeile, wenngleich auch hier Trümmer und Glasscherben. Die Überlebenden wie Gespenster. Viele bereits strahlenkrank mit den typischen Symptomen: Blutungen unter der Haut und in den Augen, Haarausfall, Erbrechen, Durchfall. Lagen in ihren Exkrementen, Fieber. Aber auch diejenigen, die das Inferno körperlich und seelisch noch halbwegs überstanden hatten, zeigten nur noch verminderte Reaktionen. Apathie hatte die Menschen erfaßt, nicht mehr bewußte Verzweiflung, sie starben bereits.

Der Zynismus in den Anleitungen der Katastrophenmedizin und der Selbstschutz-Gesellschaft zur Dekontamination: Kleiderwechsel, Haare schneiden, duschen. Ganz einfach. Unter Schockwirkung wechselt man nicht die Kleider, und Wasser gibt es kaum noch.

Zwei Männer, die auf den Stufen des Restaurants „Winston“ hockten, starrten uns fassungslos an und fingen an zu weinen, als sie uns sahen. Sie glaubten an Hilfe und Rettung. Sie wankten auf uns zu: „Wasser!“ Warum sie nicht weggegangen seien? Achselzucken, „was soll’s. Eh’ alles zu spät“. Wohin auch? Links den Hang hinauf, Richtung Kapellenstraße, nur Trümmer, am westlichen Ende der brennende Neroberg, im

Osten und Süden die eingeebnete Stadt. Ausweglos.

Ja, es gebe hier Überlebende. Die meisten hätten sich in den Häusern verbarrikadiert. Vom Neroberg hätten sich viele Verletzte heruntergeschleppt, brüllend vor Schmerz, man hätte sie gar nicht anschauen können, so gräßlich hätten sie ausgesehen. Sie wiesen auf einige Körper auf der Straße und in den Hauseingängen. Beim Nähertreten: verbrannte Leiber, die Haut zu schwarzen Lappen aufgerissen, kahle, versengte Schädel, geplatzte Lippen. Ausgelaufene Augen, zerschmetterte Glieder. „Wir haben sie dort oben schreien gehört, Tag und Nacht", sagte der Jüngere, selbst nur noch ein Wrack. Aber jetzt sei es ja still.

In einer Passage fand Geerts vier, die noch lebten, zwei bereits im Koma. Die Brandwunden schwärten schon, Fliegenschwärme. Ein Kopf hob sich müde auf, verharrte eine Sekunde. War der Körper ein Mann oder eine Frau? Verbranntes Gesicht, unkenntlich. Der andere Körper versuchte, zu uns herzukriechen. Gurgelndes Stöhnen, unerträgliche Schmerzen. „Wasser, Wasser!" Die beiden vorsichtig auf die Rettungsplane gehoben. Schmerzlinderndes Morphium. Aber hoffnungslose Fälle. Geerts konnte ihnen nicht einmal die Kleiderfetzen abtrennen, sonst hätte er sie vollends gehäutet. Die Frau machte mit der Hand Bewegungen, zwei Finger bewegten sich, als winkten sie einen von uns herbei. Geerts beugte sich über sie. Als er aufstand, liefen ihm Tränen über die Wangen. „Wir sollen Mitleid haben und sie töten", sagte er tonlos. Erschrecken, Stille, ungeheurer Gedanke, aber voller Barmherzigkeit. Da machte Georg S. eine rasche Bewegung, zog ein Messer aus seiner Tasche, trat aber ganz ruhig an die Sterbende heran und stieß ihr das Messer in die Brust. Dann auch den drei anderen.

Schwächeanfall, es war, als durchtrennte jemand meine Rückennerven. Mußte mich auf den Boden setzen, war aber froh, daß S. sich ein Herz gefaßt hatte. In der Tat, das war die einzige Möglichkeit der Hilfe: Euthanasie. „Wir können nichts anderes tun", sagte Geerts.

Wo waren die Ärzte, die ausgelagerten Medikamente? Wer könnte ein Minimum an Organisation veranlassen? Nichts. Die Stadt ein riesiger, geschändeter

Friedhof und ein zerstörtes Sterbehaus.

Wie viele haben wir getötet? An wievielen Barmherzigkeit geübt? Ich weiß es nicht, aber es war letztlich fast leicht angesichts der grausamen Unfähigkeit der Opfer, sich selbst zu erlösen.

Das Grauen. Verletzte, Kranke, Sterbende, Apathische, Verzweifelte, fast jeder vom Tod gezeichnet. Gestank. Die furchtbare Täuschung derjenigen, die sich in Latenz- oder Zwischenphasen der Strahlenkrankheit befanden. Sie glaubten, das Schlimmste überstanden zu haben. Aber die Strahlung betrug immer noch rund 200 rem, sie hatte nach der Explosion auch in dieser Gegend über 500 rem betragen. Da gab es keine Hoffnung.

Auch für uns gibt es keine. Wir tragen den Tod in uns, er läßt sich nur noch etwas Zeit.

Fast ekstatisches Gefühl, rauschhaft, entrückt. Scharfe Sinneseindrücke, präzise Wahrnehmung, vollkommene Einheit mit sich selbst und doch völlige Selbstentfremdung. Ich hörte mich sprechen und sah mich agieren — Wasser auf geschwollene Lippen träufeln, töten. Die in der Sekunde des tödlichen Stoßes sich entspannenden geschändeten Leiber. Die stummen Gesten des Dankes.

Die Medikamente waren im Nu verbraucht. Im Grunde waren sie unnütz. Wasser und Morphium hätte man gebraucht, schnell wirkendes Gift oder Schußwaffen. Die einzig mögliche Hilfe reduzierte sich auf Sterbehilfe. Selbst weniger schwer Verletzte baten um diese Hilfe, doch dies ging über unsere Kräfte. Sterben zu dürfen ist jetzt die einzige Freiheit, die bleibt. Auch noch so viele Ärzte hätten nicht anders helfen können.

Die vielen Toten, die verwesenden Leichen. Hunderttausende. Unmöglich, sie zu begraben oder zu verbrennen. Seuchen und Krankheiten werden allem Leben den Rest geben.

23. August, mittags

Auch in Taunusrodt geht es rasch zuende. Immer mehr geben auf, verfallen in Apathie, retten sich in den freiwilligen Tod. Die Grenze der Leidensfähigkeit ist überschritten, die Weiterexistenz wird zur sinnlosen Qual. Körper und Seele protestieren gegen diese Zumutung.

Unser Ort ist zu einer Todesinsel geworden. Einzige Gewißheit: Die Apokalypse wütet überall. Die Überlebenschancen sind in diesem einst hochkomplexen Industriestaat auf Null reduziert. Strahlentod und Pest werden ein lückenloses Leichentuch über Europa breiten.

Der Radioapparat ist verstummt. Heute morgen die Andeutung einer Stimme, schwach und unverständlich. Vielleicht wird Überleben in Teilen der südlichen Halbkugel möglich sein, vielleicht in einigen Tälern des Himalaja. Wahrscheinlich aber nicht. Das atomare Inferno hat nicht nur die Industriestaaten der nördlichen Halbkugel zerschlagen, sondern auch das synergetische Netz der Natur zerrissen. Milliarden von Tonnen radioaktiven Staubes haben die Atmosphäre verseucht, sie werden als tödliches Gift niedersinken. Der Planet eine von giftigen Dünsten umhüllte Wüste. Das Experiment Mensch ist gescheitert.

Den Führungszentren in Moskau und Washington ist die Kontrolle über den Krieg entglitten. Das war zu erwarten. Man hat es gewußt. Die Totalität der Vernichtungskapazitäten läßt sich nicht kontrollieren und auch nicht korrigieren. Wer hat angefangen, die Städte anzugreifen? Warum das wehrlose Mitteleuropa vernichten? Warum dieses fürchterliche Kaliber auf Wiesbaden? Hatten die Sowjets keine anderen Raketen zur Verfügung? Sieht es jetzt in Boston, New York, Detroit und San Francisco ebenso aus wie in Frankfurt? Und in Kiew, Moskau, Leningrad, Leipzig, Danzig, Budapest, Prag wie in Wiesbaden?

Sinnlose Fragen. Sollten nur die Hälfte der verhandenen Atomwaffen explodiert sein, so wären es 20000 Megatonnen. Die Hälfte hätte für diesen Planeten genügt. In Tagen ausgelöscht, was sich in Jahrmilliarden entwickelte. Phantastisch! Das fragile, komplexe System der Natur war auf den Menschen nicht eingestellt.

Jetzt, da ich ganz ruhig bin und mich abgefunden habe, da mich der Lebenswille nicht mehr peinigt und ich mir meiner letzten Freiheit sicher bin, wird dieses planetarische Drama in seiner irrwitzigen Dimension, in seiner Ungeheuerlichkeit und Totalität, erst sinnlich erfahrbar. Auch die Banalität seiner möglichen Verursachung wirkt gewaltig. Ich stelle mir vor, daß diese Apokalypse von einer winzigen Panne ausgelöst worden sein könnte, daß beispielsweise der Kommandeur einer Pershing-Batterie einfach die Nerven verloren hat: Nachdem Amerikaner und Russen im Nahen und Fernen Osten aufeinander zu schießen begonnen hatten, waren die beiden höchsten Sicherheitscodes aufgehoben. Der Kommandeur, vielleicht ein 35jähriger Major, wußte aber, daß er und seine vier Pershings auf der Zielliste der Sowjets ganz oben standen, an erster Stelle. Der Zielcomputer einer sowjetischen Atomrakete war auf seine Stellung programmiert, jederzeit feuerbereit. Der Kommandeur auf der anderen Seite hatte den Finger ebenfalls am Startknopf. Der amerikanische Major wußte auch, daß die Sowjets mit allen Mitteln verhindern mußten, daß er seine Raketen abfeuerte, denn für sie ging es um Sein oder Nichtsein. Er und seine Pershings waren eine existentielle Bedrohung. Aber er war nur so lang eine Bedrohung und war nur so lang ein vorrangiges Ziel, solange er nicht gefeuert hatte. Würde er seine Pershings starten, wäre er für die Sowjets kein Ziel mehr, dann müßte der sowjetische Kommandant seine Rakete, vielleicht eine SS-22, umprogrammieren und auf ein anderes Ziel richten. Er und seine Männer wären gerettet. Darin lag seine Chance: als erster schießen. Denn dieser Major war nur ein Mensch, hatte wahnsinnige Angst, trotz jahrelanger Ausbildung, trotz sorgfältiger Tests seiner Qualifikation. Er war nicht zu intelligent, er hatte keine allzugroßen moralischen Skrupel, er war gewohnt, Befehle auszuführen ohne langes Nachdenken, er bekannte sich zu diesem System. Und doch hatte er Gefühle, die sich jetzt, da er sich als Zielscheibe wußte, verstärkt meldeten. Er hatte Frau und Kind in einem Dorf in der Nähe von Kansas City. Warten bedeutete Selbstmord. Aber er wollte nicht Selbstmord begehen, sich nicht verheizen lassen. Die Angst ließ ihn die Absurdität dieses Systems, in dem er ein winziges Rädchen war, voll bewußt werden.

Da riß er die Mappe mit dem letzten Code auf, in panischer Angst, wartete den Befehl seines Korpskommandeurs nicht mehr ab. Er feuerte die vier Pershings ab. Vielleicht hat ihn seine meuternde Mannschaft dazu gezwungen, vielleicht feuerte die Mannschaft die Raketen selbst ab.

Als die vier Raketen auf den Radarschirmen der Sowjets erschienen, wurde der Feuerbefehl automatisch ausgelöst. 50 SS-22 jagten in drei Minuten in den Himmel, um den Abschuß der restlichen Pershings und Cruise Missiles möglicherweise noch zu verhindern. Die Sowjets glaubten jetzt natürlich an einen geplanten Überfall, sie unterstellten, daß die Amerikaner jetzt zum Entscheidungsschlag, zum „selektiven strategischen Krieg", ausgeholt hätten. Die Möglichkeit, daß einem Batteriechef die Nerven durchgegangen sein könnten, hatten sie nicht in Erwägung gezogen.

Vier Interkontinentalraketen starteten daher gleichzeitig in Richtung USA. Als Vergeltung.

Im strategischen Führungsbunker in Omaha hatte man die Panne mit dem jungen Major noch gar nicht richtig registriert, denn man hatte mit keiner derartigen Panne gerechnet, auch die Amerikaner hatten sie nicht in Erwägung gezogen, obwohl es kaum etwas Natürlicheres gibt als einen Menschen, der die Nerven verliert. Während der Führungsstab die Meldungen noch auswertet, den Korpskommandeur im Bunker in Großbritannien zu erreichen versucht und eine Nachricht an den Präsidenten absetzt, schlagen die Computer höchsten Alarm: Sowjetische Interkontinentalraketen im Anflug.

Ohne Kenntnis der Zusammenhänge — seit der „Panne" mit den vier Pershings sind elf Minuten vergangen — glauben die Amerikaner an einen atomaren Überfall der Sowjets. Das Rätsel, daß nur vier sowjetische Raketen anfliegen, läßt sich nicht mehr lösen. Automatisch wird der schlechtestmögliche Fall angenommen: ein sowjetischer Großangriff gegen die Silos der amerikanischen Interkontinentalraketen. Sicher haben die Computer statt 600 oder 700 sowjetischer Raketen nur vier erfaßt. Kann vorkommen. Noch bleiben 25 Minuten Zeit, den Irrtum aufzuklären. Aber die Überzeugung, daß ein Computerfehler vorliegt, läßt sich nicht mehr erschüttern, denn selektive nukleare Schläge sind nicht Bestandteil der sowjetischen Strategie, gehören nicht zu den vorbereiteten Optionen. In der Führungszentrale in Omaha ist man davon felsenfest überzeugt, daß die Sowjets massiv losgeschlagen haben. Nach 10 Minuten trifft das „Feuer frei“ des Präsidenten ein, die Interkontinentalraketen sind schon startklar, die Zielcomputer auf andere Ziele umprogrammiert, denn es hätte ja keinen Sinn mehr, gegen die (vermeintlich) leergeschossenen sowjetischen Raketenbasen loszuschlagen. Die Midgetmans und MX-Raketen werden Städte und Industriezentren zerschlagen. Sie starten nach 20 Minuten. Die strategischen Bomber mit 8000 Cruise Missiles sind schon in der Luft, Richtung sowjetische Grenze.

Weitere zehn Minuten später schlagen tatsächlich nur vier sowjetische Raketen ein. Verblüfft, dann verzweifelt registrieren es die Generalstäbler im Bunker unter der Erde bei Omaha. Es ist zu spät. Die Kriegsmaschine läuft. Nichts und niemand kann sie noch stoppen.

Inzwischen haben die Sowjets die anfliegenden 500 amerikanischen Geschosse geortet. Fieberhaft machen sie ihre Raketen startklar, denn sie wähnen, daß der Schlag sich gegen ihre strategische Waffe richtet. Auch die sowjetischen Raketen müssen nunmehr umprogrammiert werden, da der Schlag gegen die leeren amerikanischen Silos sinnlos wäre. 1700 Raketen mit dem roten Stern jagen in den Himmel, jede trägt zehn bis 15 Sprengköpfe, jeder Sprengkopf hat die zehnfache Explosionskraft der Hiroshimabombe.

Die beiden Supermächte sinken in Schutt und Asche. Zuvor aber haben sie Europa vernichtet. Aber noch haben beide die strategischen U-Boote mit mehr als der doppelten Vernichtungskraft. Rakete um Rakete steigt aus den Weltmeeren.

Jetzt wird der blaue Planet endgültig zerstört.

War es so? So könnte es gewesen sein. Die Antwort wird niemand jemals wissen. Möglich auch, daß ein sowjetischer Kommandeur die Nerven verloren hat, vielleicht sogar die sowjetische Militärführung. Vielleicht hat sie als erste gegen die Pershing-Stellungen gefeuert, was die Amerikaner als Signal verstanden, daß der Gegner zu allem entschlossen sei. Obwohl die Amerikaner ursprünglich unter keinen Umständen für Europa sterben wollten, sahen sie sich nunmehr gezwungen, die letzte, wenngleich vage und gefährliche Chance zu nutzen: sie starteten einen massiven Überraschungsschlag gegen die Sowjetunion. Aber die Sowjets waren darauf längst gefaßt, ihre Raketen startklar. Als die feindlichen Raketen auf ihren Radarschirmen erschienen, feuerten sie los. Nach Plan hätte alles anders verlaufen sollen. Der Plan sah vor, den Gegner mit einigen gezielten Schlägen zur Vernunft zu bringen. Der Plan ist gescheitert, weil er den Menschen nicht einkalkulierte.

Das Schicksal der Welt hing in jedem Fall an einem dünnen Nervenstrang eines einzigen oder einiger weniger Menschen. Seit Jahrzehnten, Tag und Nacht. Das planetarische Damoklesschwert.

Sollten einmal in ferner Zukunft außerirdische Wesen auf diesem Planeten landen, so werden sie über die Ursachen dieser Katastrophe rätseln, so, wie wir über den Untergang der Dinosaurier. Sie werden eine Naturkatastrophe annehmen oder eine schreckliche Seuche. Sie werden es bedauern, uns nicht mehr lebend anzutreffen. Sie werden in den noch sichtbaren Trümmern graben und zu rekonstruieren versuchen, wie es vor dieser Katastrophe vor vielen tausend Jahren gewesen sein mag. Auf den Gedanken, daß sich dieses offensichtlich hochintelligente Wesen selbst ausgerottet haben könnte, werden sie nicht kommen. Denn es muß sich ja um ein hochintelligentes Lebewesen gehandelt haben, wie die Reste zeigen.

Andererseits gelten die Naturgesetze auch im Kosmos. Im Universum, das bewußtlos und gigantisch nach physikalischen Gesetzen funktioniert, ist für Intelligenz kein Platz. Wo sie sich entwickelt, trägt sie offenbar den Zwang zur Selbstvernichtung in sich. Ehe denn außerirdische Wesen die technischen Fähigkeiten entwickelt hätten, zu anderen Planeten Kontakt herzustellen oder gar auf ihnen zu landen, hätten sie zuvor Massenvernichtungswaffen geschaffen und sich ausgelöscht. Wie wir jetzt. In ihrer höchsten Vollkommenheit – in der Entwicklung von Bewußtsein und

Intelligenz – ist die Evolution am unvollkommensten gewesen. Das Bewußtsein war nicht genügend in den Lebenskräften verankert, es hat den Menschen nicht befreit, sondern entwurzelt. So blieb nur die Idee, der Versuch, der Entwurf.

23. August, abends

Die Kinder sterben jetzt alle, rasch und still. Eine kurze Phase des Erbrechens; Fieber, Durchfall, Entzündung des Rachens, Blutungen. Gewichtsverlust – dann ist es vorbei. Es ist wie eine Massenflucht. Eine Anklage, die einzige, die den Kindern bleibt. Nur rasch wieder fort aus dieser entsetzlichen Welt, seht ihr Erwachsenen zu, wie ihr klarkommt. Ohne uns. Lessing nannte seinen Sohn, der sich, kaum geboren, nach wenigen Stunden wieder auf- und davonmachte, „weise“. Die sterbenden Kinder verstärken den Schmerz ihrer apathischen Eltern nicht mehr, sie vergrößern nur die Leere. Gnädigerweise entheben sie die Erwachsenen sogar noch der Sorge.

Die Alten und Kranken folgen ihnen. Die Feuerwehrmänner sind täglich mit Handkarren unterwegs. Fast aus jedem Haus haben sie schon einen Toten herausgeholt. – Hofmann hat ein großes Grab ausheben lassen. Wir werden alle einträchtig beieinanderliegen. Weigand hat einen schweren Job, der von Dr. Caspерski ist so gut wie überflüssig.

Obwohl wir es uns nicht eingestehen, beobachten Tina und ich uns gegenseitig mit peinigender Intensität. Ich spüre, wie ihre Augen nach den ersten Symptomen bei mir forschen, morgens, stündlich. Auch Christine. Ich wiederum kontrolliere heimlich, ob Tina sich erbrochen hat. Wenn ich ihr über die Stirn streichele, prüfe ich, ob sie fiebert. Sie sieht wirklich elend aus, müde. Aber sie läßt mich (noch) nicht im Stich. Christine hat sich erstaunlich erholt. Aber was bedeutet das schon. Die Strahlenkrankheit ist unberechenbar. Wir wissen, daß der Abschied längst begonnen hat. Wir wissen, daß wir nur auf geborgte Zeit leben. Wir spüren die Nähe des anderen wie das eigene Leben, der Atemzug und Herzschlag des anderen ist der eigene. Grenzenlose Liebe füreinander. So werden wir den Wettlauf mit der Zeit doch gewinnen.

Hofmann war eben hier und berichtete, daß den Bauern das Vieh massenweise krepiere, auf der Weide und in den Ställen. Das verseuchte Gras. Seit heute morgen hebt der Bulldozer tiefe Gruben rings um den Ort aus. Die Traktoren schieben die Kadaver hinein. Aber wie die 1000 Stück Großvieh beseitigen, dazu ebensoviele Schweine, Hühner, Gänse, Enten? Egal wie. Die Seuchengefahr wäre in zwei Tagen katastrophal.

Der Gedanke, an der Pest zu krepieren, bereitet Widerwillen. Einige Männer werden in die Nachbarorte gehen und versuchen, die Aktion zu koordinieren. Von dort soll sie weitergeführt werden. Wir wissen, es ist hoffnungslos. Der Sinn des Versuchs liegt in der Aktion selbst: Etwas tun, einfach etwas tun, und sei es lächerlich sinnlos. Verbissene Gegenwehr, das ist der Sinn.

In den Wäldern verendet das Wild. Bereits gestern taumelten die ersten kranken Rehe aus dem Wald auf die Lichtungen. Sie sind verletzlicher als Menschen. Kein Vogel mehr am dämmrig-grauen Himmel. In den Straßen, rings um den Kirchturm und auf dem Marktplatz werden massenweise tote Tauben eingesammelt. In den Gärten tote Vögel, sie fallen buchstäblich aus den Bäumen. Meisen, Amseln, Sperlinge, Rotkehlchen.

Wie rasch und folgerichtig alles geht. Grausames Gesetz. Es kennt keine Wunder, und läßt keine Hoffnung zu.

24. August, mittags

Heute morgen ein Überfall. Bauer Brand, der mit einigen Männern totes Vieh einsammelte, alarmierte Hofmann. Sechs Soldaten näherten sich dem Ort, alle mit Maschinenpistolen bewaffnet, offenbar zu allem entschlossen. Wir sahen sie in der fahlen Dämmerung die Höhe von Orlen herunterkommen. Hofmann ließ Waffen austeilen, dann gingen wir ihnen zu viert entgegen. Die Männer forderten Wasser und Lebensmittel. Einer wies auf den Traktor: „den da auch". Sie hielten die MPs auf uns gerichtet. Petzold sagte geistesgegenwärtig, wir hätten nur noch verseuchtes Wasser, die Lebensmittel seien kaputt, schließlich sei die Bombe gleich hinter dem Hügel explodiert. Wir seien selbst kaum noch am Leben. Aber sie könnten sich ruhig holen, was sie wollten. Im übrigen wüte hier die Pest. Petzold wies auf die Grube und die aufgedunsenen Kadaver darin. Hier gebe es keine Chance mehr für den, der überleben wolle.

Die Soldaten starrten uns an. Dann rief einer: „Jungs, nichts wie weg hier!" Sie liefen davon. Nach 20 Metern machte einer kehrt, nahm im Rückwärtslaufen die MP in Anschlag und schoß. Petzold war auf der Stelle tot. Wie bei Grimmelshausen.

24. August, abends

Dr. Casperski ist am Ende seiner Kräfte. Hofmann verordnet ihm strengste Ruhe, aber der Arzt weiß Bescheid. Wir auch. Allein heute hat man 36 Taunusrodter in dem Massengrab beerdigt. Kalk auf die Leichen und eine Handbreit Erde. Das Grab muß noch für viele reichen. Kein Klagen dringt aus den Häusern. Nur stumme Verzweiflung, die einer Art Gleichgültigkeit zu weichen beginnt. Die Sinne stumpfen ab. Man faßt es nicht mehr. Hiob würde nicht mit uns tauschen wollen. Wir können auf keinen Herrn hoffen, der diese Plagen wieder von uns nehmen wird, wenn wir Buße tun.

Unser „Katastrophenstab" bei Bürgermeister Hofmann beginnt ein Ziel ins Auge zu fassen: Die Möglichkeiten und Ressourcen des Ortes sollen so konzentriert werden, daß die Chance für ein Überleben der Stärksten von uns, so gut es geht, gewährleistet wird. Wir wissen noch nicht, wer das sein könnte, vielleicht einige der 20jährigen. Wir gehen einfach davon aus, daß einige die Chance zum Überleben haben und beziehen die Annahme, daß vielleicht doch noch Hilfe von außen kommen könnte, als vage Hoffnung in unsere Überlegungen ein. Zu diesem Zweck wird ein „eiserner Vorrat" an Lebensmitteln und Wasser im Rathaus angelegt. Dazu Medikamente, Werkzeuge und drei batteriegetriebene Rundfunkgeräte mit Ersatzbatterien. Das Forstamt hat fünf Gewehre, die Polizeistation sechs Maschinenpistolen und mehrere Pistolen geliefert. Für die beiden Traktoren und den Bulldozer werden Ersatzteile bereitgestellt. Schadensursachen und Reparaturanleitungen sollen so ausführlich wie möglich beschrieben werden, daß sie auch Laien verstehen und danach arbeiten können.

Am schwierigsten ist es, ein Organisations- und Verwaltungsschema zu erstellen. Hofmann, dessen angegriffenes Aussehen uns große Sorge bereitet, überträgt seine Nachfolge auf Campen, den jungen Schulrektor, der nach dem Tod seiner beiden Kinder von buchstäblich todesverachtender Aktivität ist. Campen wird dann, sollte es auch ihn ereilen, einen Nachfolger oder eine Nachfolgerin bestellen.

Nach diesem Schema soll auch bei der Auswahl und stetigen Auffüllung der fünfköpfigen Sicherheitstruppe verfahren werden, die — bewaffnet — für ein Minimum an Ordnung und „Schutz gegen äußere Gefahr“ sorgen soll, um die Überlebenschancen derjenigen, die es vielleicht doch noch schaffen könnten, zu sichern.

24. August, Mitternacht

Die Tage schleppen sich dämmerig und düster dahin. Meine Tagebucheintragungen machen mir die Sinnlosigkeit einer Chronologie deutlich. Wäre nicht die Sorge um Christine und Tina, ich könnte jetzt durchaus diesen globalen Untergang wie ein infernalisches Drama betrachten. Meine Sinne sind hellwach, sie registrieren jede Einzelheit. Das Drehbuch ist seit langem bekannt, ich kenne die Abfolge der Szenen, und ich kenne den Schluß. Das Drehbuch hätte jedem bekannt sein müssen, denn an ihm wurde jahrelang geschrieben. Es hat viele Verfasser seit 1945 gehabt: amerikanische Präsidenten und Verteidigungsminister, Senatoren, Sicherheitspolitiker und Militärs, sowjetische Generalsekretäre, Politbüromitglieder und Marschälle, deutsche Bundeskanzler, Verteidigungs- und Außenminister, Parteichefs, Abgeordnete, Wissenschaftler, Unternehmer, Manager, Offiziere. Sie mögen das Drehbuch in der Absicht und Hoffnung geschrieben haben, daß es niemals inszeniert werden müsse. Aber sie haben schon früh übersehen, daß sich das Drehbuch längst selbständig gemacht hatte. Es hatte das Denken, Planen und Handeln erfaßt, riesige Apparate zu einem funktionierenden System zusammengeschweißt und sich schließlich die mächtigsten Industriestaaten unterworfen, einschließlich ihrer wissenschaftlichen, technischen, intellektuellen, organisatorischen, kommunikativen, planerischen Kapazitäten. Am Schluß waren alle Drehbuchautoren selbst nur noch Figuren in diesem Drama. Szene um Szene schrieb es sich fort und wies ihnen ihre Rollen zu. Die vermeintlichen Dramaturgen und Regisseure wurden zu Akteuren, die ihre Rollen auswendig kannten. Sie wurden Opfer ihres Drehbuchs, während sie sich noch als Autoren wähnten, die den letzten Akt als happy end schon hinkriegen würden.

Das totale Schauspiel: Nicht nur die Bühne, das ganze Theater wird in die Luft gesprengt.

Auf Dauer ließ sich mit diesem Widerspruch nicht leben.

Gut und böse, Wahrheit und Lüge, Aufrichtigkeit und Verschlagenheit, Freiheit und Unterdrückung, Mitleid und Härte, Weisheit und Dummheit, Reife und Infantilität, Hoffen und Verzweifeln, Vernunft und Fanatismus, Gier und Großzügigkeit, Liebe und Haß – der tödliche Widerspruch in jedem von uns. Die Natur hat sich und uns die Zeit nicht gegönnt, diesen Widerspruch aufzulösen.

Franz-Josef Strauß nannte das waffenstarrende Europa einmal „den sichersten Platz auf der Welt“, Präsident Reagan seine Atomraketen „Friedensbewahrer“. Am Ende hat ein Pastor recht behalten: „Entweder schaffen wir die Rüstung ab, oder die Rüstung schafft uns ab.“

Im Wohnzimmer meiner Großeltern stand eine alte Pendeluhr. Wenn wir das Pendel anhielten, tickte das Werk noch einige Schläge weiter mit einem schrillen, scharrenden Geräusch. Es fuhr uns durch Mark und Bein, weil Großmutter uns einmal mit der Bemerkung gescholten hatte: „Niemand darf die Zeit anhalten, das darf nur Gott. Und dazu schickt er den Tod ...“. Jetzt haben Menschen das Perpendikel der Weltuhr angehalten.

25. August, mittags

Dr. Casperski hat sich umgebracht, dieser feine, sensible Mann. Was sollte er auch noch hier. Überall Tod, es gibt nichts zu retten und zu helfen. Überflüssig geworden. Dabei hatte er sich so gründlich auf den „V-Fall“ vorbereitet, ehrlich davon überzeugt, daß die Mediziner gerade in Katastrophenzeiten gefordert wären. Und wenn es nur wenige Leben wären, die gerettet werden könnten – der Arzt dürfe sich niemals verweigern. Die Katastrophe kam, und er konnte nicht ein einziges Leben retten. Nur Sterbehilfe hätte er leisten können, wie jeder barmherzige Mensch. Für diesen letzten Dienst aber ist kein Arzt erforderlich. Jetzt hat er nur noch sich selbst geholfen.

Unsere Kräfte erlahmen. Der Verwesungsgeruch behindert das Atmen. In den Häusern von Taunusrodt Leichen, die niemand mehr abholt. Auch die Tierkadaver sind nicht mehr zu beseitigen. Die „postatomaren“ Folgen summieren sich zur Totalität. Die Weißtannen im Garten sind braun geworden, die Birken gelb, und die Buchen kringeln ihre Blätter ein. Rosen und Dahlien sind welkes Kraut. Der Tau der kühlen Nächte hat den gefallenen Staub zu einem schwarz-braunen radioaktiven Film verschmiert. Mit der Vegetation wird uns die letzte theoretische Existenzgrundlage entzogen. Wenn sich die schwarze Dunstglocke verzogen haben wird, und die Sonne durchbricht, werden sich die abgestorbenen Wälder entzünden, vielleicht auch zünden sich die letzten dort draußen kampierenden und dahinvegetierenden Menschen ihren Scheiterhaufen selbst an.

25. August, nachmittags

Auf dem alten Spirituskocher meines Vaters haben wir uns Tee zubereitet. Kocher und Tee wecken längst versunkene Erinnerungen.

Vater siedete auf diesem Kocher seinen selbstgesammelten Tee, Huflattich, Lindenblüten, Schafgarbe. Wenn zuviel Spiritus auf die Pfanne geflossen war, drohte jedesmal eine Explosion. Vater mokierte sich dann über meinen Bruder und mich, weil wir uns an die Tür stellten, um im Falle einer Explosion unsere Haut zu retten.

Tina fand Vaters Tee köstlich. Als sie ihn zum ersten Mal mit dem Spirituskocher hantieren sah, lachte sie so sehr, daß ihr die Tränen über das Gesicht liefen. Mein Vater, mit todernster Miene wie stets, versuchte mit spitzen Fingern und schnellen Griffen, das Gerät unter Kontrolle zu bekommen. Seine Krawatte drohte Feuer zu fangen. Er hätte drei Hände gebraucht.

Tina sieht elend aus, bleich, mit rotgeränderten Augen, müde. Im Bad fand ich heute morgen ein Büschel Haare. Die entsetzliche Gewißheit nahm mir den Atem. Vielleicht ist sie nur erschöpft und überreizt! Ich widersetze mich, etwas anderes anzunehmen.

26. August, morgens

Tina ist krank, es läßt sich nicht länger verleugnen. In der Nacht hat sie sich mehrfach übergeben müssen. Am Oberkörper die ersten Blutflecke. Fieber, Schüttelfrost, Zahnfleischbluten. Das „hematopoietic syndrom". Strahlenkrankheit. Der Tod greift nach ihr. Sie weiß es. Mit ihr werde ich sterben. Jetzt ist Christine bei ihr.

26. August, mittags

Taunusrodt stirbt aus. Es gibt keine Kinder mehr, keine Alten. Die Erde leert sich. Ausverkauf. Ein Massensterben wie im Mittelalter, wenn die Pest wütete. Wir haben die Pest. Pocken, Malaria und Gelbfieber treten immer häufiger auf, dazu Typhus, Paratyphus, Hepatitis, Diphterie. Aus den nicht beseitigten Leichen und Kadavern steigen Trillionen und Trillionen von Bazillen und verbreiten sich mit der Geschwindigkeit von Giftgas. Doch noch die „biologische Waffe". In schwarzen Trauben hängen Mücken und Fliegen vor unseren mit Plastikfolie abgedichteten Fenstern. Tina haben wir in den Keller verlegt. Die Fenster mit Bettlaken-Stoff verklebt, damit die Fliegen und Mücken sie nicht plagen.

Bürgermeister Hofmann ist tot.

Ein paar junge Leute halten an dem Katastrophenplan fest. Sie haben an den Straßen nach Limburg und Idstein Barrikaden gebaut, um sich heranschleppende Leute abzuhalten. Die vom Tod gezeichneten, total erschöpften Menschen machen vor ihnen halt, legen sich auf den Boden und stehen nicht mehr auf. Das ist die Abwehr. Nur wenige umgehen die Absperrung und kommen in den Ort. Sie sind dann eben da. Sie stören niemanden mehr, es ist genug Platz.

Die Beseitigung der Leichen ist das größte Problem. Ununterbrochen rattern die beiden Traktoren. Die jungen Leute arbeiten verbissen, sie kämpfen um ihre Chance. Auch Christine ist dabei. Besser, um sein Leben zu kämpfen, als es aufzugeben.

Auf dem Spirituskocher eine leichte Suppe für Tina zubereitet. Sie hat sie bei sich behalten. Ein Hoffnungsschimmer? Nein.

Das Ende wird Erlösung sein. Zu leben ist viel brutaler, eine langsame Hinrichtung.

Ich habe mir früher einmal fest vorgenommen, daran zu denken, wenn es so weit sein sollte, daß es doch ein großes Privileg ist, zu leben. Das Leben war den Preis des Todes wert. Gilt das noch? Diese Ohnmacht, diese Würdelosigkeit, diese Brutalität. Was jetzt noch einzig zählt, sind die letzten Stunden mit Tina.

27. August, mittags

Die schwarze Dunstglocke hat sich aufgelöst. Endlich wieder die Sonne. Aber sie steht am Himmel wie eine scharf geschnittene, gelbe Scheibe. Und der Himmel ist nicht blau, sondern merkwürdig braun. Ein blendendes, irisierendes Licht. Ich konnte Christine gerade noch zurückhalten. Niemand darf jetzt ins Freie gehen, das bedeutet sofortige Blindheit und raschen Tod.

Die ultraviolette Strahlung der Sonne prallt ungehemmt auf die Erde. Die Atomexplosionen haben die Ozonschichten in der Stratosphäre zerstört. Ein weiteres Zeichen dafür, daß es einen globalen Atomkrieg gegeben haben muß. Eine der „postatomaren Folgen"! Dies unirdische Licht ist von beklemmender Faszination, nimmt vollends das Gefühl für die Realität. Wie im Science-Fiction-Film.

Eingemummt in Plastikfolie und Bettlaken, die Brille geschwärzt und an den Kopf geklebt, ein Gespenst, ging ich rufend durch den Ort: „Nicht in die Sonne gehen! Lebensgefahr! Strahlung! Hüllt euch ein! Schutzkleidung! Bleibt in den Häusern! Nicht rausgehen, Blindheit, Lebensgefahr!"

Die Existenz schrumpft auf wenige Quadratmeter und wenige Stunden zusammen. Jetzt tötet sogar die Sonne. Unsere bisherige Lebensquelle verbrennt den letzten Rest irdischen Lebens. Wir haben die Sonne in ein Monstrum verwandelt. Sie wird weiter ihre Bahn ziehen, auch über einem toten Planeten.

27. August, nachmittags

An der Plastikfolie vor dem Fenster leichte, tippende Geräusche, als stoße jemand zart dagegen. Erblindete Insekten. Die UV-Strahlung hat ihre Augen verbrannt. Wenig später das gleiche Phänomen im Zimmer. Fliegen taumeln steuerungslos durch die Luft, prallen gegen die Wand, fallen zu Boden.

Die jungen, noch „gesunden" Leute haben den „Ausbruch" beschlossen. Die drei Lkws, mit denen die Soldaten gekommen waren, stehen bereit. Sie wollen nach Süden, an die französische Mittelmeerküste, nachts fahren, tagsüber sich vor der Sonne verstecken. Nach Sonnenuntergang werden die Laster beladen mit dem, was vorbereitet worden war. Auch die Waffen nehmen sie mit. Christine wollte bleiben, uns nicht im Stich lassen. Aber das kommt nicht in Frage. Mit dem Tod werden Tina und ich alleine fertig. Ich bin zwar ohne Hoffnung für die 28 jungen Menschen, aber der Versuch ist es wert. Sterben können sie überall. Vielleicht ist es in Südeuropa tatsächlich etwas besser, sind die Folgen der Atomexplosion nicht so total wie hier. Vielleicht kommen einige durch. Sie sind kräftig, vielleicht hilft ihnen ja ihre Konstitution die Strahlendosen zu bewältigen, die sie schon abbekommen haben. Vielleicht sind sie auch gegen die Seuchen und Krankheiten, die jetzt wüten, noch immun. Sie wissen, daß sie sich auch nicht die geringsten Verletzungen zuziehen dürfen. Lauter „Vielleichts"…

27. August, abends

Jeder abschließbare Behälter wird mit Benzin gefüllt und auf die Lkws geladen. Wir zapfen mit Schläuchen aus den Tanks des Supermarktes. Es wird für 3000 Kilometer reichen, genug bis Südfrankreich.

Dann der Abschied von Christine. Er ist endgültig. Ich werde meine Tochter nie wieder sehen. Gott, wer immer du sein magst, sei mit diesem kleinen Rest!

Allein mit Tina. Ich habe ihr von Christines Abreise, diesem verzweifelten Ausbruchsversuch, nichts gesagt. Ausbruch innerhalb des Gefängnisses!

Die Blutflecken unter der Haut haben sich vermehrt. Sie fiebert. Ich mache ihr nasse Wickel. Komaartige Anfälle wechseln mit klarem Bewußtsein. Sie ist ganz ruhig. Wenn sie bei Bewußtsein ist, plaudern wir. Wir wissen, daß uns nichts mehr trennen kann. Wir sind frei. Den letzten Schritt entscheiden wir.

28. August, mittags

Tina hat schließlich doch noch eine ruhige Nacht verbracht. Aber sie kann nicht mehr aufstehen. Mich hat es jetzt auch erwischt. Tabletten, um die Übelkeit zu bekämpfen. An den Armen und am Hals die ersten blau-roten Flecken. Fieber, ich friere. Aber es geht noch. Eigentlich ganz normal.

Tina will ins Freie. Ich vertröste sie auf den Abend, wenn die Sonne untergegangen ist. „Heute Abend ist es so weit, Liebster", sagt sie. Ich weiß es.

Erstaunlich, wie lange die Batterien des Kassettenrekorders funktionieren. Wir hören Chopin und Mozart, Bach. Musik! Leben! Da die Angst abgefallen ist, können wir uns wieder an ihr freuen. Wenn Tina zu sich kommt, ist sie ganz klar, ganz lebendig, von einer fast rauschhaften Intensität. Wir können uns wieder erinnern. Diese Augenblicke sind jetzt unser Leben.

28. August, Mitternacht

Tina lebt nicht mehr. Kurz vor Sonnenuntergang trug ich sie auf die Terrasse. Wie leicht sie war. Sie wollte die Sonne noch einmal sehen. Die glühende Kugel tat jetzt nicht mehr weh. Sie überzog die tödlichen, braunen Flecken am aufgerissenen Himmel mit rot-goldenem Licht. Der warme Schein auf Tinas Gesicht milderte das Leiden in ihren Zügen. Ihr Kopf lag an meiner Schulter, ich hielt sie fest, sie streichelte meine Arme und wischte mir mit dem Deckenzipfel die Tränen aus den fiebrigen Augen. Die Sonne versank. Nur unsere Atemzüge waren zu hören.

Dann, nach einer Weile, griff sie nach dem Glas Wasser, setzte es an die Lippen. Ich half ihr beim Trinken. Mit ihrer Rechten hielt sie meinen Nacken umschlungen. Nach wenigen Minuten begann das Leben aus ihr zu weichen. Ihre Hand glitt aus meinem Haar.

Ich fühle mich jetzt sehr fremd hier. Wie kommt es, daß ich noch lebe? Ich bin wohl der einzige weit und breit. Der Tod ist schon in mir, ich spüre ihn, ich bin ein Teil des sterbenden Ganzen.

Alle, die ich liebte, und die mir nahe standen, sind bei mir. Wie viele es doch sind! Christine fehlt, aber Andreas ist da, er steht zwischen meinen Eltern und hat seine Arme um ihre Schultern gelegt. Ich komme. Morgen, um diese Zeit. Ich will nur Tina bestatten.

29. August, mittags

Beizender Rauch weckte mich aus einem traumlosen, schweren Schlaf. Ich dachte, das Haus brenne. Aber nicht das Haus — der Horizont stand in Flammen. Soweit das Auge reichte. Wirbelnder, weiß-grauer Rauch vermischt sich mit dem braungefleckten Himmel. Die verdorrten Wälder brennen, das Land verwandelt sich in einen riesigen Scheiterhaufen. Milliarden und Abermilliarden Tonnen Asche werden in die Luft geblasen. Europa verwandelt sich endgültig in eine Wüste, rasch und unaufhaltsam. Was in Jahrmillionen entstanden ist, versinkt, wird zu Staub und Asche. Ich höre das Prasseln der Flächenbrände. Die Geschichte der Menschheit endet in Schall und Rauch.

Auch auf der Platte schon Flammen, bald wird die Feuerwalze den Berg herunterkommen und über den Ort hinwegfegen. Eine großartige Bestattung für Tina und mich.

Die Natur säubert sich. Sie brennt sich ein unaufhaltsam wucherndes Geschwür aus. Diese Flammen sind das Ende – und ein Anfang. Die Natur wird sich regenerieren, wieder von vorne anfangen. Sie hat die Zeit, um in Jahrmillionen in Ordnung zu bringen, was der Mensch in einigen Jahrtausenden, zuletzt in wenigen Jahrzehnten, aus dem Gleichgewicht gebracht hat. Die Strenge und die unerbittliche Konsequenz dieses planetarischen Prozesses ist atemberaubend. Was mir, einem der letzten Zeugen, in den vergangenen Tagen als Inferno, Katastrophe oder als Apokalypse erschien, ist in Wahrheit die Korrektur eines epochalen Fehlers, den sich die Natur geleistet hat. Der Film saust zurück zu den Anfängen des Lebens. Nach Gerechten und Ungerechten, nach Schuldigen und Unschuldigen, wird jetzt nicht mehr unterschieden. Die Natur kennt keine Schuld und darum auch keine Sühne. Sie kennt nur Funktionen, Zusammenhänge und Systeme, sie beharrt auf einem intakten Ganzen.

Machet euch die Erde untertan — das war wohl der falsche Rat. Und doch wäre es möglich gewesen, sich wohnlich auf diesem Planeten einzurichten. Aber die praktische Vernunft war zu schwach. Die Geschichte der Menschheit ist beendet, aber das Leben existiert fort. Wird ein neuer Versuch besser gelingen?

Das Flammenmeer hat mich eingekreist. Die Luft ist heiß, im Ort brennen die ersten Häuser. Ich habe das Glas mit dem Pulver in einem Zug geleert. Ruhe durchströmt mich. Der Körper beginnt von mir abzufallen, nichts schmerzt mehr. Ich werde mich jetzt neben Tina legen. Endlich ist Frieden.